A UBERIZAÇÃO DA POLÍTICA

E O PODER DIGITAL

Uma análise da luta pela mobilidade urbana
ao mundo pós COVI-19

Fábio Cunha Silva

RIO DE JANEIRO
2020

Dedico este livro a todo cidadão que valoriza e se preocupa com a liberdade, o direito individual, coletivo e toda injustiça que exista; na hipótese da implantação de mudanças nos regimes econômicos ou políticos, que infrinja os valores acima mencionados, de forma a manter-se toda coerência ideológica individual ao estudo que aqui será proposto.

AGRADECIMENTOS

Agradeço a todos que participaram de forma direta ou indireta com o estudo aqui proposto, contribuindo com informações, dados e fontes de pesquisas que resultaram neste livro. De forma especial aos professores que contribuíram de forma ímpar na minha formação como Cientista Político, aos meus familiares, amigos, colegas de profissão e principalmente a você leitor que irá interagir em aprendizado, conteúdo e boa crítica construtiva ao final de sua leitura. A cada um, meu abraço fraterno.

RESUMO

Esse livro é resultado de uma defesa monográfica universitária, fruto de dois anos de pesquisa. Se propõe a ser objeto de análise, estudo de caso e observação política econômica, da ação estratégica do fenômeno UBER no mundo e como se dá sua entrada no Brasil, revelando ao leitor os bastidores da articulação política existente, no caso específico da cidade do Rio de Janeiro.

O leitor irá compreender como se dá a nova forma de ação do capitalismo e da finança internacional, atuando de forma inovadora na política, dentro do conceito neoliberal, no qual a tecnologia se insere como um novo elemento de ação no controle político, econômico e judicial, agindo diretamente com o Estado e seus mecanismos democráticos, criando um modelo inovador de cooptação e controle do sistema produtivo, que poderá ser aplicado em outras áreas do trabalho e emprego, tomando como base laboratorial o modelo desenvolvido na tecnologia da mobilidade urbana, que de forma indireta pode se refletir no mundo pós pandemia do Covid-19.

De forma particular, assimilar esse livro e seu conteúdo, dará ao leitor subsídios, dados e informações relevantes, à compreensão do funcionamento da máquina pública brasileira. Trata-se de uma obra fundamental para todos os profissionais do mundo jurídico, acadêmico, atores políticos, líderes de movimentos sociais e sindicais, e a todo cidadão trabalhador, autônomo ou empregado, que está com seus direitos e conquistas ameaçados por esse novo modelo mundial; a buscar compreender caminhos alternativos de luta ou adaptação ao novo sistema e sua realidade.

Palavras-chaves: UBER. Táxi.Uberização da Política. Precarização do Trabalho. Governo Digital. Controle Digital. Finanças Internacionais. Neoliberalismo. Capitalismo. Revolução 4.0. Governo invisível. Marketing Digital. Taxista. Aplicativos. Liberdade vigiada.Movimento Social. Luta de Classes.

ABSTRACT

This book is the result of a university monographic defense, the result of two years of research. It proposes to be the object of analysis, case study and economic political observation, of the strategic action of the UBER phenomenon in the world and how it enters Brazil, revealing to the reader the behind the scenes of the existing political articulation, in the specific case of the city of Rio of January.

The reader will understand how the new form of action of capitalism and international finance takes place, acting in an innovative way in politics, within the neoliberal concept, in which technology is inserted as a new element of action in political, economic and judicial control. , acting directly with the State and its democratic mechanisms, creating an innovative model of cooptation and control of the productive system, which can be applied in other areas of work and employment, taking as a laboratory basis the model developed in urban mobility technology, which indirect way can be reflected in the post-pandemic world of Covid-19.

In a particular way, assimilating this book and its content, will give the reader subsidies, relevant data and information, for the understanding of the functioning of the Brazilian public machine. It is a fundamental work for all professionals in the legal, academic, political actors, leaders of social and union movements, and for all working, self-employed or employed citizens, who are threatened by this new world model. ; to seek to understand alternative ways of fighting or adapting to the new system and its reality.

Key-words: UBER. Taxi. Uberization of Policy. Work Precariousness. Digital Government. Digital control. International Finance. Neoliberalism. Capitalism. Revolution 4.0. Invisible government. Digital Marketing. Social movement . class struggle

LISTA DE FIGURAS

LISTA DE ABREVIATURAS E SIGLAS

ABRATAXI Associação Brasileira dos Taxistas

ADPF Arguição de Descumprimento de Preceito Fundamental

ABRACOMTAXI Associação Brasileira das Cooperativas de Táxi

AAMOTAB Associação de Assistência aos Motoristas de Táxi do Brasil

BRS Bus Rapid Service

BRT Bus Rapid Transit

CAB Táxi em inglês

CADE Conselho Administrativo de Defesa Econômica

CEO Chief Executive Officer

CF Constituição Federal

CLT Consolidação das Leis do Trabalho

CMRJ Câmara Municipal do Rio de Janeiro

CNAE Classificação Nacional de Atividades Econômicas

CNPJ Cadastro Nacional de Pessoas Jurídicas

CONAR Conselho Nacional de Autorregulamentação

COI Comitê Olímpico Internacional

COPPE Instituto Alberto Luiz Coimbra de Pós-Graduação e Pesquisa de Engenharia

CPF Cadastro de Pessoas Físicas

CPI Comissão Parlamentar de Inquérito

CTB Código de Trânsito Brasileiro

DEE Departamento de Estudos Econômicos

DHL Empresa americana de logística

DIDI Empresa chinesa que presta serviços na área de tecnologia e transporte privado

DNM Diário Nunca Mais (Movimento Social pela libertação das diárias)

EAD Ensino a Distância

EUA Estados Unidos da América

FETRANSPOR Federação das Empresas de Transportes de Passageiros do Estado do RJ

FECAPERJ - Federação Estadual das Cooperativas, Associações e Prestadoras de Serviços de Táxi do Estado do Rio de Janeiro

FIFA Federação Internacional de Futebol

GPS Global Positioning System

IBGE Instituto Brasileiro de Geografia e Estatística

IplanRio Empresa Municipal de Informática

IPO Initial Public Offering

ISS Imposto Sobre Serviço

MDB Movimento Democrático Brasileiro

MP Ministério Público

NSA National Security Agency

PDT Partido Democrático Trabalhista

PE Pernambuco

PLC Projeto de Lei Complementar

PMRJ Prefeitura Municipal do Rio de Janeiro

PSDB Partido Social Democrata Brasileiro

PSOL Partido Socialismo e Liberdade

PT Partido dos Trabalhadores

QQ Empresa chinesa de tecnologia

RE Recurso Extraordinário

RJ Rio de Janeiro

SC Santa Catarina

SIMEATAERJ Sindicato dos Motoristas de Empresas e Auxiliares de Táxi do Estado do RJ

SMS Short Message Service

SMTR Secretaria Municipal de Transporte

SP São Paulo

STAMRJ Sindicato dos Taxistas Autônomos do Município do Rio de Janeiro

STF Supremo Tribunal Federal

STJ Superior Tribunal de Justiça

TAC Termo de Ajustamento de Conduta

TAS Todos ao Sindicato

TI Tecnologia da Informação

TJ Tribunal de Justiça

TST Tribunal Superior do Trabalho

TJRJ Tribunal de Justiça do Rio de Janeiro

UFRJ Universidade Federal do Rio de Janeiro

UPS Empresa americana de logística

SUMÁRIO

1 INTRODUÇÃO

Este livro não irá se ater apenas em relatar o que é a empresa UBER; iremos além dela, usando-a como principal ferramenta de análise e comparação para justificar nossa hipótese argumentativa do título proposto. Iremos sim, descrever alguns pontos centrais da empresa, seu histórico, sua atuação no mercado de tecnologia, do trabalho, do rentismo e da acumulação do capital, especificamente na mobilidade urbana. Daremos, porém, aprofundamento no contexto político, judicial e econômico que estão envolvidos nesse modelo de negócio que influencia e irá influenciar cada vez mais, países e cidades tal é a agressividade de sua atuação por onde chega. Tomaremos como base os acontecimentos no Brasil que refletiram e modificaram os aspectos acima grifados, nas principais capitais do país, especialmente na cidade do Rio de Janeiro, objeto deste estudo. Boa parte da complexidade deste livro, se dá pelo fato de ser descrita e vivida quase em tempo real. Esse que vos escreve, por força do comprometimento acadêmico, profissional e literário, participou diretamente de muitos eventos inerentes ao tema, os quais melhor qualificam a análise devido ao trabalho de campo realizado, variado entre pesquisa, entrevistas, participação em grupos e as observações e anotações feitas que serão mencionadas oportunamente no decorrer do estudo aqui descrito. Eventualmente poderemos contextualizar as cidades de São Paulo, Belo Horizonte e outras fora do Brasil, para melhor análise e compreensão geral do tema proposto.

A guerra entre Taxistas x Uberistas, servirá como pano de fundo e modelo para reflexão e análise da nossa hipótese, de considerar o fenômeno da uberização, a implantação de uma nova ordem política, jurídica e econômica no mundo, dada sua operacionalidade universal, programada e implantada simultaneamente em vários países, configurando uma nova estratégia de ataque e posse do Estado e seus recursos. Tentaremos ousar da possibilidade dessa análise, para criarmos através dela uma teoria que indica o modus operandi de implantação do modelo neoliberal tecnológico e sua ruptura em diferentes áreas do trabalho, que sofreram forte impacto com avanço da tecnologia da informação, forçando uma reconfiguração total do modo de produção e trabalho em quase todas as profissões no mundo, nos levando a crer que, a "uberização"é a nova "revolução industrial"do século XXI, muito mais forte na sua forma de ação, controle e concentração de poder econômico e político, uma vez que, seu uso, estará presente em todas as esferas de poder e, por ela, serão tomadas decisões que influenciam, controlam e definem individual e coletivamente a vida de toda uma sociedade.

Dada essa breve introdução geral do que iremos abordar neste livro, passaremos a analisar cada ponto dividido em três capítulos. No primeiro capítulo vamos abordar a empresa UBER em si, seu histórico e o que está por trás dela na esfera do poder e da tecnologia.

No segundo capítulo, trataremos da sua atuação no cenário político e legislativo, focando sua entrada no Brasil, os reflexos no Rio de Janeiro e como se deu essa relação de disputa junto ao poder público – no judiciário, no executivo e no legislativo.

O terceiro capítulo descreveremos o aprofundamento das possibilidades de ampliação de poder, as articulações políticas trazidas pela UBER, sua regulamentação no Rio de Janeiro e a resposta dada pelo Estado nessa lógica de disputa e controle, descrevendo sua atuação no meio executivo e as consequências geradas no meio econômico, político e do trabalho, bem como, as forças resultantes dentro do Estado, atuando na elaboração de políticas públicas, como ferramenta de controle governamental, no projeto técnico do aplicativo móvel Táxi.Rio, desenvolvido pela Prefeitura do Rio, contrapondo-se aos aplicativos privados do mercado.

Nossa lente teórica de análise neste livro, nos possibilita navegar em vários campos do saber; daremos destaque especial ao pensamento de autores como Jonathan Crary, Christian Dunker, James Bridle e Virgínia Fontes com artigo publicado (FONTES, 2017) tratando do tema, e outras posições defendidas por ela em palestras proferidas no meio acadêmico. Vamos aprofundar e relacionar conceitos de forma mais detalhada, tentando mostrar ao leitor dados práticos, aplicáveis a abordagem teórica, principalmente no que implica a posição do Estado brasileiro diante do ator global UBER e sua ação dominadora dos instrumentos que compõem a gestão do Estado, favorecendo-a dessa nova forma de ruptura Estatal favorecido pelo capital internacional, impondo-lhe novas condições de operação no marco jurídico legal, facilitando inclusive a precarização do trabalho e da mão de obra, impondo legislações específicas garantidoras desse modelo.

2 A EMPRESA UBER

Para melhor compreensão do conteúdo deste livro, é estritamente necessário analisarmos a empresa UBER. Como ela surgiu, seu contexto histórico, político e econômico, serão peças fundamentais para compor o cenário nacional, diretamente afetado pela conjuntura internacional. Essa análise permite apontar seu modus operandi na cidade do Rio de Janeiro, com toda circunstância que cercou esse período que vamos abordar.

Sabemos que as relações políticas no mundo são delineadas por grandes acontecimentos e fatos sociais que marcam períodos históricos. As guerras que geram transformações sociais e históricas, políticas e econômicas, fazem parte da evolução do cotidiano da humanidade e de sua cultura; seja no ocidente ou no oriente. Nesse contexto formal, podemos citar a transição do regime feudal para o capitalismo, as revoluções anticapitalistas, as duas grandes guerras mundiais que culminaram no clima da guerra fria, a corrida armamentista e, recentemente, a crise financeira de 2008 nos EUA. Por esse marco, vamos desenvolver o pensamento do nascer de uma nova ordem mundial, marcada pela disputa das commodities, o controle da informação, da tecnologia, do capital, dos novos mecanismos de financeirização, e consequentemente a ampliação do poder político e econômico proporcionado por esse cenário e sua ação direta no Estado. É nessa ótica que pretendemos enxergar a chegada da empresa UBER no mundo.

Conta a história, narrada no próprio site da empresa, que numa noite fria de nevasca em Paris no ano de 2009, dois amigos, Travis Kalanick e Garret Camp, estavam num evento de tecnologia na capital francesa. Os dois faziam parte da nova geração jovem de TI (tecnologia da informação) que despontava no "mundo nerd". Tinham acabado de vender suas empresas; respectivamente, a Redswoosh especializada em compartilhamento de arquivos, que foi vendida por U$19 milhões e a StumbleUpon, especializada em conteúdos de busca personalizada que foi comprada por U$75 milhões pela empresa Ebay, um dos maiores sites de comércio eletrônico dos EUA. Ao término do evento, já com tempo escasso, os dois amigos tinham pressa para se dirigir a outro lugar e resolveram tomar um táxi. Aí veio a surpresa! Devido ao mau tempo na cidade, não conseguiram um táxi em tempo hábil para chegarem ao compromisso. Inconformados com a situação, nasceu a ideia entre eles de poderem encontrar um carro qualquer disponível, via celular, que pudesse conectar qualquer prestador de serviço particular ao passageiro necessitante de transporte. Haja visto que Garret Camp, também passou por experiência frustrante idêntica numa noite de ano novo, na qual gastou U$800 por um serviço particular de transporte por não ter encontrado um táxi para servi-lo. Foi nessa adversidade que os dois amigos se inspiraram e entenderam o modelo de negócio que acabava de surgir; a mobilidade urbana privada irrestrita, era um grande nicho de mercado a ser explorado.

Em Março de 2009, empossados com seus U$94 milhões, resultado da soma da venda de suas primeiras empresas, os dois amigos criaram em San Francisco na Califórnia o projeto do aplicativo UBERCAB, que atingiu sua maturação de lançamento um ano depois, em Abril de 2010. Focado inicialmente para atender o mercado de carros de luxo com motoristas particulares, o UBERCAB fez sua primeira viagem em 5 de Julho de 2010 e não parou mais. Em Outubro do mesmo ano, começaram os primeiros problemas da empresa. A Agência Municipal de Transportes da cidade de São Francisco, (equivalente a Secretaria de Transportes nas Prefeituras brasileiras) entra com um processo contra a empresa para que seja retirado o sufixo "CAB" do nome. Por confundir o consumidor do serviço com o táxi, o sufixo não poderia ser mantido no nome da empresa porque segundo entendimento local, o serviço não era público e sim privado; por essa ação, a empresa foi obrigada a retirar o sufixo cab e utilizar apenas o nome UBER.

Em 2011 a empresa estava pronta para crescer e conquistar mercados; vai para Nova York e recebe seu primeiro aporte de capital. O Banco Goldman Sachs junto com a Amazon, investem U$37 milhões na empresa; seguido pelo investidor Chris Sacca, da empresa de risco Lowercase, colocando mais U$11milhões no negócio. Os investidores firmam compromisso junto ao CEO da empresa na época, Travis Kalanick, de iniciar a expansão internacional da startup começando pela cidade de Paris, na França.

Em 2012 ocorreu a grande explosão de crescimento da empresa. Já instalada nas principais cidades americanas, iniciando seu processo de expansão na europa, a UBER investe forte na renovação da sua marca; inovando no logotipo, investindo em propaganda, marketing e adotando uma identidade tecnológica disruptiva, com forte propósito de invasão, quebra e compra de mercado. Nessa época lançam para seus clientes o UBER-X, transporte particular em carros comuns. Tal decisão estratégica da empresa, de criar um modal de transporte fora do padrão original de carros de luxo, gerou uma guerra com taxistas, associações e cooperativas de táxis em todas as cidades na qual a empresa chegava. Para combater tal resistência dos táxis pelo mundo, além dos fortes investimentos em publicidade, preços menores, promoções e até viagens grátis, a UBER adota um discurso e prática totalmente neoliberal pelo mundo. A estratégia "soa como música" para seus usuários, e com essa prática buscam ampliar crescimento baseados nos seguintes critérios: - O livre mercado, - A livre concorrência, - O direito de escolha do consumidor, - A quebra de monopólios, - A iniciativa privada pela redução do Estado e - O empreendedorismo individual.

Entendermos a proposta neoliberal nesses seis pontos da narrativa proferida, nos possibilita melhor compreensão do contexto geral proposto neste livro e sua aplicabilidade prática, pois é exatamente neste fenômeno simultâneo, imposto pela UBER no mundo, que está de forma temporal, marcada a implantação de uma nova ordem mundial econômica, política, cultural e tecnológica entre nós. Capaz até de contradizer, alguns acadêmicos e pensadores brasileiros, que teorizam o domínio imperialista, defendem o nacional desenvolvimentismo mas fazem uso de tal serviço, conscientes que o mesmo está à serviço do capital econômico financeiro internacional, pondo em xeque seus discursos entre teoria e prática, prevalecendo as vantagens individuais vendidas pelo Neoliberalismo, ante o pensamento coletivo nacionalista brasileiro.

Para a proposta de análise do nosso trabalho, pelo ângulo do objeto estudado, em seu primeiro ponto abordado; não há livre mercado de mobilidade urbana uma vez que, a relação comercial existente entre o táxi, está ligada diretamente ao Estado, ou seja, é o Estado através das Prefeituras, quem controla, fiscaliza, tarifa (princípio da modicidade no direito administrativo brasileiro, que se rege pelo menor preço exequível) e oferece o serviço de táxi ao cidadão, caracterizando-o como um serviço de transporte individual complementar de interesse público, prestado de forma privada e autônoma através de permissão pública, pelo interesse exclusivo do seu titular permissionário. Dito isso, compreende-se que na visão neoliberal, tal modelo deve ser desregulamentado pelo Estado para haver de fato livre mercado, sem nenhuma intervenção, controle ou reserva, protegido pelo Estado ou Governo, havendo apenas uma relação contratual simples entre os prestadores do serviço.

O segundo ponto defendido pelo neoliberalismo é a livre concorrência. Através dela, difundem a ideia que, uma vez o mercado desregulamentado sem intervenção do Estado, estará pronto para ser conquistado e concorrido por qualquer um que se interesse em disputá-lo e tenha capital para investir, abrindo oportunidade de negócios para todos, em condições iguais, proporcionais ao tamanho do investimento de cada um.

Nesse conceito surgiram as concorrentes da UBER no fim de

2012, que são a 99, Cabify e Lyft, todas com a mesma proposta de serviço, justificando o terceiro ponto defendido pelo "pensamento liberal"; a liberdade de escolha do consumidor. Por ela, o cliente sempre será soberano e objeto de disputa no mercado. É o seu direito de escolha que irá dinamizar a concorrência entre empresas e prestadores de serviços. A grande oferta de serviço é sempre benéfica para o consumidor, que é massificado midiaticamente com esse discurso, tornando-se agradável, valorizando-se cada vez mais e pagando barato por um serviço abundante de suposta qualidade, que atenda suas necessidades diária de locomoção e transporte. Na verdade, o que ocorre na utilização desses serviços, é uma importação de mobilidade via tecnologia, utilizando mão de obra local.

Para os defensores do neoliberalismo econômico implícito no modelo UBER, o quarto pilar é a quebra dos monopólios (no caso dos táxis) só é possível, via ação da iniciativa privada com a facilitação do Estado em abrir mercados protegidos. É pela força do capital internacional de investimento ou especulação, que se dá a alavanca do crescimento econômico, da geração de "emprego e renda" que compõem o quinto pilar. Após entendermos essa lógica, chegamos enfim na febre do capitalismo atual e sexto pilar neoliberal; o empreendedorismo individual, a auto criação, a liberdade plena, o patrão de si mesmo, transliterado no jargão UBER de: o "Motorista Parceiro"; para os mais céticos, "o "Escravo Moderno". Esse aspecto do novo vínculo de trabalho trazido pela UBER e o mundo da tecnologia, será abordado em maior detalhe em outra parte do nosso livro.

Abordados os seis pilares neoliberais presentes no modelo UBER, os quais serviram de base argumentativa em várias narrativas políticas no Brasil nas últimas eleições presidenciais de 2018; retomamos a análise da sua expansão pelo mundo. Como já mencionado anteriormente, a empresa adota uma estratégia de marketing muito agressiva. Uma delas, bem curiosa, era a distribuição de sorvetes no verão nas cidades recém-chegadas . O ano de 2013 foi um ano de consolidação da empresa nos EUA e início da expansão na Europa. A empresa chegou na América Latina em 2014; no Brasil sua chegada se deu no mês de Maio na cidade do Rio de Janeiro (MACMAGAZINE UOL, 2014), posteriormente se instalando em São Paulo e depois Belo Horizonte. Vamos falar especificamente da operação Brasil com foco no Rio de Janeiro; esse é o ponto central da nossa proposta de análise, pesquisa e trabalho que vamos revelar.

Após consolidação da UBER como empresa de transporte de passageiros, seus investimentos se diversificaram, iniciando operações em várias outras áreas da mobilidade. A primeira área diversificada a atuar foi a entrega de pequenas encomendas, um tipo de correio urbano que ganhou o nome de UBERrush. Esse serviço não vingou pois seus concorrentes eram as gigantes americanas de entrega, FedEx, UPS e DHL.

Focada no seu propósito principal de negócio, a mobilidade urbana, em Agosto de 2014 a empresa lança o serviço UBER pool, dedicado ao compartilhamento de corridas entre pessoas que se dirigem ao mesmo lugar ou próximas de trajetos, que resolvem dividir o custo do deslocamento de forma coletiva pelo serviço. No Brasil esse serviço foi rebatizado com o nome UBER juntos. Essa prática atingiu diretamente os transportes coletivos, os quais abordaremos conceitos, diagnósticos e custos no capítulo seguinte. Em seguida, a empresa lança o serviço UBEReats, destinado para entrega de comidas de restaurantes, bares, padarias, lanchonetes e fast foods. Esse serviço ganhou popularidade na cidade do Rio de Janeiro; aumenta de usuários cada dia mais e já enfrenta concorrência das empresas IFood, Loggi, Lalamove e Rappi.

No mesmo ano de 2014, começam os primeiros protestos contra a UBER ainda de forma pacífica, nas principais capitais do mundo, vindo principalmente pelas associações de taxistas contra as baixas taxas praticadas pela empresa. No mesmo ano, um funcionário da UBER revelou que a empresa tinha e testava um módulo de espionagem no App, capaz de acompanhar o trajeto de seus motoristas e clientes em tempo real mesmo com o App desativado. Tal revelação gerou repúdio de motoristas e usuários, além de processos e multas aplicados pela justiça americana (SEGURANÇA UOL, 2017). A empresa garantiu que esse módulo foi retirado do aplicativo, porém ficou claro para o mundo a possibilidade técnica do celular ser um espião de bolso, com total capacidade de controle e monitoramento de seus usuários. No meio dessas turbulências iniciais, novos agravantes marcam a empresa nessa época, entre eles, além de assédio sexual, casos de estupro (G1, 2019a) foram registrados no Brasil e no exterior. A empresa começa um forte período de críticas, principalmente pela dificuldade de resolução de problemas, comunicabilidade e segurança dos usuários. As medidas punitivas adotadas se limitavam apenas ao desligamento do motorista parceiro da plataforma visto que, não há nenhuma ligação de responsabilidade entre os atos cometidos pelos motoristas com os passageiros, que possa a empresa ser responsabilizada, pois segundo ela informa, se trata apenas de uma intermediação de serviço entre o motorista ao passageiro.

No início de 2015, devido a muitas reclamações por parte dos motoristas parceiros insatisfeitos com a taxa de 25% cobrada pelo serviço no Brasil, e por alguns usuários não terem crédito no cartão para utilização do serviço; a UBER começa a aceitar pagamentos fora do seu sistema eletrônico vinculado aos cartões de crédito; o dinheiro em espécie passa ser outra forma de aceite de corridas. Oportuno lembrar que alguns app's concorrentes que também adotaram pagamentos em dinheiro, criaram uma taxa por corrida à vista; o motorista só recebia a corrida se comprasse créditos para esse fim, caso contrário seria obrigado continuar no modo eletrônico, que cada vez mais enxuga a circulação de moeda dentro do segmento de transporte; uma dessas empresas era a Easy Táxi, que foi comprada pela Cabify.

Presente em mais de cinquenta cidades pelo mundo, no ano de 2015, a UBER atingiu a marca de 1 bilhão de corridas, chegando a 2 bilhões seis meses após a primeira marca. O ano, ao seu final, é marcado por aumento de conflitos pelo mundo; os primeiros protestos surgem no Brasil junto com algumas leis proibitivas à operação da empresa, em especial nas cidades do Rio de Janeiro e São

Paulo.

No início de 2016 a empresa tenta entrar no mercado chinês; porém sofre um forte impacto financeiro devido aos altos custos de "compra de mercado"* que se submeteu. *(termo usado no meio empresarial que indica operação da empresa com prejuízo, planejado por um determinado período de tempo). Seu investimento em novos serviços, também afetaram o balanço financeiro da empresa, entre eles: o UBER helicóptero, o UBER taxi drone, o UBER freight (especializado para caminhões de carga) e o principal deles, o carro autônomo ou carro sem motorista, projeto pelo qual a UBER sofreu processo da Google de U$1bilhão por conta de um ex-engenheiro roubar projetos, dados e informações da empresa Waymo do grupo Alphabet, para favorecer a UBER (TECNOBLOG, 2016). O acordo final desse processo foi a UBER dar 0,5% de participação da empresa à Google, o equivalente a U$245 milhões. Não bastasse isso, também esbarrou numa forte concorrente chinesa, a Didi Chuxing. No mesmo ano, a empresa sofreu uma campanha internacional fortíssima para usuários deletarem seu aplicativo dos celulares; devido ao processo de imigração ocorrido nos Estados Unidos nessa época de aumento de turbulência no mundo. Protestos e atentados na Europa marcaram o ano; principalmente Espanha, Portugal, Itália e França, onde ocorreram confusões, quebradeiras, queima de carros e fechamento de ruas e estradas. Tais fatos ocasionaram grande procura por mobilidade urbana nos aeroportos e grandes centros urbanos que estavam sob protestos. Nesses episódios, a UBER aumentava os preços de seus serviços, baseada na máxima lei econômica da oferta, procura e demanda de mercado. O mundo conheceu nessa época um conceito econômico liberal embarcado no algoritmo do aplicativo UBER; o chamado Preço Dinâmico, o qual varia sob demanda de forma automatizada. Em contrapartida, durante os protestos e atentados na Europa, vários taxistas transportavam gratuitamente as pessoas que saíam da região de conflito; outros praticavam suas tarifas normal, como forma de realizarem campanha pró táxi. No ano de 2017, o CEO da empresa

Travis Kalanick, considerado pelo conselho da empresa uma pessoa de difícil temperamento, foi envolvido em denúncias de assédio sexual (VEJA, 2017), machismo e até brigas com motoristas parceiros; por esse motivo perde o cargo na empresa e é afastado. Seu substituto foi o CEO da empresa Expedia, o iraniano Dara Khosrowshahi. Em 2018 o carro autônomo da UBER faz uma vítima no estado do Arizona (R7, 2018), o projeto é suspenso no estado e retomado posteriormente na cidade de Pittsburgh. No mesmo ano a empresa investe no setor de aluguel de bicicletas elétricas e 15% de suas ações são vendidas pelo ex-ceo Travis Kalanick ao grupo econômico japonês SoftBank controlado pelo bilionário Masayoshi Son , por U$ 1.25 bilhões; nessa época a empresa já estava avaliada em U$48 bilhões (G1, 2017a).

No ano de 2019 no mês de Março, uma ação judicial trabalhista movida por um grupo de motoristas da Califórnia e Massachusetts no ano de 2013, finalmente teve seu desfecho num grande acordo, que indenizou a todos num valor de U$20 milhões; cerca de 13 mil motoristas foram beneficiados com a decisão. A partir desta data a UBER passou a criar um plano de bonificação de motoristas e permitir gorjetas dos usuários no próprio aplicativo. Em Abril, ela compra a Careem uma empresa do segmento no Oriente Médio e se consolida na região. Na mesma época começaram os estudos para abertura de capital na bolsa de valores de Nova York e Nasdaq, bem como iniciaram um novo projeto na área de entregas por drones, setor no qual a Amazon está em parceria.

Para finalizarmos essa análise da composição acionária da UBER no mundo e sua estratégia de entrada no Brasil, precisamos entender o xadrez das redes de relacionamentos financeiros existentes nas composições dessas empresas.

Uma das principais concorrentes da UBER no Brasil é a 99! Ocorre que esta empresa recebeu um aporte de capital em Maio de 2017 do mesmo grupo japonês SoftBank no valor de U $100 milhões. Em Janeiro de 2018 a 99 foi comprada 100% pela chinesa Didi Chuxing por US$1 bilhão (REVISTAPEGN, 2018). Há quem diga que o grupo japonês SoftBank ainda mantém ação minoritária na 99, esse seria um elo tático de negociação ou empecilho, numa futura fusão entre UBER e Didi, criando assim a maior empresa de aplicativos mobile do mundo, algo ao meu ver pouco provável devido ao momento político internacional atual. Por enquanto o quadro atual de acionistas majoritários da UBER após seu IPO (oferta de ações) na bolsa de valores ficou assim: - Grupo SoftBank com 12%,(Controlador do maior fundo de investimento em tecnologia do mundo em parceria com Goldman Sachs, Morgan Stanley e Deutsche Bank), - Benchmark Capital Partners com 8%, - Travis Kalanick com 6%, - Garrett Camp com 4%, - Arabia's Public Investment Fund com 4%, - Alphabet Google com 4% e - Ryan Graves com 1%.

Esse quadro nos revela uma estrutura econômica empresarial que nos remete a outro conceito descrito na análise de Virgínia Fontes, o qual apresenta a UBER como uma grande produtora de bens imateriais, com aumento da expropriação, concentração de capital e recursos sociais, extração de valor e a financeirização da mobilidade, controlados pelo grande capital (FONTES, 2017).

3 A UBER NO BRASIL

CONTEXTO POLÍTICO, JURÍDICO E LEGISLATIVO

3.1 O modal Táxi e seu histórico

Na primeira parte do nosso livro, nos dedicamos em pesquisar e analisar os aspectos históricos, empresariais e econômicos que envolveram o surgimento da UBER no mundo e como se deu sua expansão. Neste capítulo, vamos nos aprofundar em detalhes, na forma e na estratégia encontrada pela empresa para chegar no Brasil, tomando como base a cidade do Rio de Janeiro. Faremos uma análise das articulações ocorridas em Brasília, a conjuntura política existente na época da sua chegada, mas principalmente, se faz muito necessário para assimilar nosso conteúdo, compreendermos o histórico da evolução do sistema de táxi no Brasil e no Rio de Janeiro, condensando acontecimentos ocorrido nos últimos vinte anos na cidade carioca. Vamos entender suas estruturas de funcionamento, hábitos sociais e de que forma culminaram os conflitos políticos, jurídicos e econômicos contra a empresa, para que de forma comparada, possamos entender o que a UBER impôs a todos; com seus padrões de comportamento, controles políticos/financeiros, rompimentos culturais e legais em todo país. Para tanto, reforço a necessidade de compreender um pouco mais do funcionamento do modal táxi na cidade do Rio de Janeiro, seu histórico, práticas e costumes. Essa é a proposta seguinte.

Podemos compreender que o conceito de transporte individual de passageiros nasce em caráter histórico no antigo Egito, quando os escravos transportavam reis e rainhas puxados por animais, canoas sob o rio ou andores individuais colocados sob os ombros. De lá pra cá, o transporte individual evoluiu para as charretes puxadas a cavalo, os triciclos, até chegarmos ao automóvel, que ganhou no transporte individual o nome de táxi por causa das taxas que os motoristas cobravam dos usuários do serviço, que variavam de acordo com a "cara do freguês"(gíria popular), distância percorrida, ou periculosidade do destino. Tal prática não agradava muito o público usuário, a tal ponto que o antigo motorista chamado de chofer, passou a ser chamado de taxista; aquele profissional que cobrava por taxas (preços fixos) e ficava parado com seu carro nas praças da cidade a espera de um passageiro para transportá-lo. Até hoje, a cultura do Táxi é chamar seu trabalho de "praça", exatamente por surgirem seus primeiros pontos de serviço nas praças das cidades. Com o passar do tempo e evolução da mecânica surgiu o taxímetro, que foi o primeiro aparelho medidor de taxas por tempo e deslocamento, homologado e controlado por órgão de governo. Assim surgiu via ação do poder público, a primeira política pública de intervenção do Estado, adotada no setor de transporte individual de passageiros, a qual igualava de forma democrática, o preço do serviço prestado ao cidadão através de um instrumento medidor padrão, para qualquer pessoa, sem distinção de sexo, cor, raça, status social ou religião.

Figura 0 - Histórico do transporte individual - autoria própria

Podemos afirmar de forma análoga, uma comparação entre

o antigo Chofer de praça antes do taxímetro, com o atual motorista parceiro da UBER, ou seja, ambos são desregulamentados sem a presença e intervenção do Estado, podendo agir seguindo regras próprias. A inovação do taxímetro somada a uma permissão do poder público, dada ao taxista para ter o direito de trabalhar de forma regulamentada, marca a ação do Estado na defesa do interesse público e coletivo dos usuários do serviço de transporte individual de passageiros, atribuindo um valor de função social e pública ao táxi. Segundo o Vereador do Rio Leonel Brizola Neto, um dos parlamentares ouvidos para compor esse livro, diz: "Sem Estado não há táxi e sem táxi, o interesse público é dragado pelos interesses privados e corporativos dos detentores do capital."

Na cidade do Rio de Janeiro e nas principais capitais do Brasil, o segmento do táxi se assemelha muito em hábitos e práticas. No início da implantação do serviço nas capitais brasileiras, poucas pessoas trabalhavam no táxi, era muito fácil conseguir uma permissão na Prefeitura; era muito comum, devido a imigração da Europa para o Brasil em meados de 1930, encontrarmos portugueses e espanhóis dirigindo táxi na cidade do Rio. Com o crescimento da população e o grande desenvolvimento do país na era do Presidente Getúlio Vargas, a Prefeitura do Rio à época, permitiu o conceito e criação de empresas de táxis. Através delas, por meio de um único alvará, os concessionários poderiam ter vários táxis e vários motoristas para trabalharem na frota, iniciando desta forma um novo ciclo de negócio na cidade. Nesta época, os direitos trabalhistas eram plenos, muitas empresas assinavam a carteira de trabalho dos taxistas, os autônomos diminuíram muito; pois trabalhar na empresa era muito melhor devido aos benefícios e garantias da CLT. Esse modelo de empresas de táxi na cidade se consolidou, porém criou outro fenômeno entre os taxistas autônomos, o pagamento da diária de trabalho.

A diária era a forma encontrada pelos "donos da autonomia" de alugarem seus táxis para outro motorista que não tinha permissão da Prefeitura para trabalhar por conta própria. Da necessidade de dividir o trabalho, seus custos operacionais, ampliar oferta de serviço e a exploração da mão de obra para auferir lucro, surge a figura do motorista auxiliar ou simplesmente, o diarista. Na verdade, essa diária também existia nas empresas de táxi por um valor muito maior, mas entre os taxistas autônomos costumava ser bem menor. Diante disso, as garantias trabalhistas nas empresas de táxi duraram pouco e logo acabaram; as diárias continuaram existir como um novo modelo de exploração do trabalho com total conivência do poder público, com participação direta nesse modelo de exploração, pois tinha ciência dos fatos que ocorriam no setor, de forma velada e não atuavam contra esse sistema. Essas empresas se transformaram em locadoras de veículos à taxímetro, mudando toda sua forma operacional, fiscal e trabalhista.

A pouca fiscalização da Prefeitura nesse período, talvez consentida, permitiu a expansão do modal táxi de forma totalmente desordenada pela cidade. A exploração da mão de obra do taxista aumentou mais ainda, quando a Prefeitura do Rio passou a permitir dois motoristas auxiliares cadastrados em cada táxi, com a justificativa de ampliar o serviço ao cidadão no período noturno. Essa mudança criou um grande mercado paralelo de especulação das autorizações de táxi na cidade, já que o detentor de uma permissão de táxi poderia ganhar dinheiro sem trabalhar no táxi, bastando apenas credenciar dois motoristas oficiais na sua permissão pública. O preço de uma autonomia de táxi chegou a valer no mercado paralelo do Rio de Janeiro R$200 mil; escritórios de despachantes e empresas especializadas em compra/venda/aluguel e administração de táxi eram comuns de encontrar nos classificados dos jornais e panfletos distribuídos diariamente na cidade.

Somado a isso, o surgimento das cooperativas e associações de táxi em meados dos anos 80 foi outro marco no modal; arrisco dizer que foi a primeira revolução tecnológica do táxi na mobilidade urbana do país, pela qual os serviços melhoraram muito, ficando 24h a disposição do cidadão e das empresas que tinham contratos com essas cooperativas e podiam conseguir um veículo a qualquer hora do dia, graças ao advento dos rádios px instalados nos carros e as centrais telefônicas de chamadas. Fato não obstante, também as cooperativas e associações criaram seu mercado paralelo com a supervalorização de seus títulos e pontos de apoio, alguns chegando a valer R$80mil e vagas em pontos públicos oscilando entre R$3mil e R$15mil de acordo com a localização. Os veículos caracterizados com faixas e adesivos na lateral, tentavam se identificar e se diferenciar entre os usuários, em detrimento aos demais táxis, ocasionando disputas muita das vezes desiguais e até certo ponto discriminatória, pois a segurança ao usuário do serviço não se dá apenas em veículos cooperados mas, a uma série de requisitos documentais exigido pelo poder público a todos os prestadores. Alguns cooperados utilizavam dessa condição em narrativas aos passageiros para conquistarem o serviço na rua, fora da chamada usual. Hoje, os passageiros por aplicativos embarcam em carros particulares, totalmente descaracterizados e com placas de outros municípios, creditando confiança na empresa. A propósito, foi por esse cenário narrado que surgiram os pontos clandestinos de táxis, os chamados bandalhas, profissionais que contrapunham-se pagar aos altos custos dos títulos das cooperativas e suas mensalidades, mesmo havendo trabalho e bons contratos. Surgem as máfias donas de pontos de táxi, sendo essa mais uma das justificativas da existência dos bandalhas; a de não aceitarem pagar pelo uso ou pelo espaço de um ponto público destinado ao táxi; cuja parte dos valores arrecadados semanalmente eram destinados a autoridades de trânsito, por "quanto ao uso", (exceder número de vagas destinada pela placa de trânsito) ou, por "quanto ao espaço"(venda de uma vaga de táxi no ponto público). Todo esse relato compõe o que vamos chamar de formação da "cultura do táxi" no Rio de Janeiro; que funciona à revelia do poder público concedente como um "mercado". O fato ocorre mais ou menos de forma semelhante em todo Brasil, onde uma cidade ou outra foge a essa regra. Diante desse quadro cultural crescente e premente, pela análise sociológica constatada no habitus do modal, o aumento da exploração do trabalho do homem pelo homem no setor de táxi com diárias abusivas, corroborado pela omissão do poder público, acrescido das sucessivas crises financeiras que passava o país em plena era do presidente Fernando Henrique Cardoso; surge no ano de 2000 na cidade do Rio de Janeiro, o Movimento Social que ficou conhecido como Diárias Nunca Mais (D.N.M).

Liderado por três taxistas auxiliares, Ivan Fernandes, João Batista e Júlio César, esse movimento teve início numa pequena reunião com pouca gente na escadaria do Theatro Municipal na praça da Cinelândia, no Centro do Rio. Seguindo a procura de adeptos, chegaram ao posto de gasolina do bairro da Lapa e depois terminaram a reunião em Copacabana com vários outros taxistas, relata Ivan Fernandes, líder do movimento. Após a divulgação "boca a boca", o movimento tomou as ruas da cidade e ganhou força na luta pela dignidade do trabalho independente e a libertação das diárias. Seu objetivo era que todo taxista auxiliar tivesse sua autonomia e não pagasse mais diária. Formados por um grupo consistente de cerca de 500 taxistas uniformizados com suas blusas amarelas, costumavam se reunir semanalmente ao ar livre no terreno ao lado do aeroporto Santos Dumont, no Centro do Rio. Por se tratar de um movimento social que contrariava fortes interesses econômicos e políticos da época, já consolidados culturalmente como descrito no parágrafo anterior, enfrentaram forte resistência do Estado e dentro da própria categoria, por membros que tinham seu núcleo de negócios do Táxi. Aos poucos, com muita seriedade no trabalho e comprometimento à causa, o movimento ganhou força. O cenário político foi mudando e novos adeptos dentro e fora da política se juntaram à causa. Ganharam a simpatia do Prefeito Luiz Paulo Conde que rompeu politicamente com o ex-prefeito César Maia na época. Com ele, por intermédio da Vereadora Rosa Fernandes, foram apadrinhados pelo Vereador do PDT Pedro Porfírio que abraçou a causa e o movimento, tornando-se peça fundamental para desfecho e sucesso da causa, por ter sido ele o autor da Lei Municipal 3123 que transformava a figura do taxista auxiliar em permissionário, estabelecendo um cronograma de entrega de permissões para todos os 13 mil taxistas auxiliares cadastrados; levando alguns critérios em consideração: priorizar àqueles que lutaram pela causa e foram perseguidos, o marco temporal de registro, data de cadastro na Prefeitura e por fim, todos os demais registrados no órgão público que atingissem

10 anos de serviço ininterrupto como auxiliar. Haja visto que estava proibido na lei a inclusão de novos auxiliares no modal; todos seriam contemplados pela lei ao atingir o tempo mínimo de trabalho exigido ininterruptamente.

É oportuno destacar que antes da Lei 3123/00 o Prefeito Conde tentou distribuir autonomias de táxis aos auxiliares através do Decreto 18693/00 em 21/06/00 que foi questionado na justiça pelo Sindicato dos Taxistas Autônomos do Município do Rio (STAMRJ), ganhando liminar contrária ao decreto. Em 02/09/00 o mesmo prefeito tenta realizar licitação de 1291 permissões para os auxiliares, medida também barrada por liminar judicial pedida pelo mesmo sindicato. Só em 14/11/00 a Lei 3123 foi aprovada na Câmara Municipal, com as galerias lotadas, por 30 votos a 0, e logo após, sancionada sem vetos no dia 17/11/00 pelo Prefeito Conde. No dia 27/11/00 o Desembargador Paulo César Salomão concede nova liminar ao sindicato STAMRJ suspendendo a Lei 3123 que transformava auxiliares em permissionários; o que leva o movimento D.N.M realizar o maior protesto da história do táxi já visto na cidade do Rio de Janeiro e no Brasil, com repercussões nas mídias internacionais. Cerca de 500 táxis foram abandonados de madrugada nas principais vias de acesso ao centro da cidade e o Sindicato Municipal dos Taxistas (STAMRJ) foi invadido e tomado pela categoria. Em 14/11/00 a 5a Turma do TJ do Rio reconheceu a constitucionalidade do decreto 18693/00 que dava as permissões aos auxiliares; 3600 deles tiveram seus nomes publicados em Diário Oficial do município. A disputa política na época se acirrava, o Prefeito Conde perdia a eleição para César Maia que reassumiu o cargo na virada do ano. Sabedor das dificuldades vindouras com a eleição de César Maia, que era contrário à causa, o líder do movimento D.N.M, pede ao Prefeito Conde um documento oficial individualizado para cada taxista auxiliar que teve seu nome divulgado em Diário Oficial. Esse "Termo de Permissão" expedido, foi o que garantiu a conquista das autonomias.

Em Janeiro de 2001 César Maia toma posse; seu primeiro ato foi o decreto 19443/01 revogando o decreto 18693/00 que dava as autonomias aos auxiliares. Nessa época muitos taxistas já estavam com seus carros comprados e dívidas assumidas sem poderem trabalhar, porque a SMTR (secretaria municipal de transporte) sob novo comando, paralisou todo processo de regularização das autonomias. Muitas perseguições em blitz, processos de cassação de permissões, e busca e apreensão de veículos, dirigidas aos táxis em geral, ocorreram nessa época. Foi um verdadeiro caça às bruxas, relatam os taxistas dessa época.

Em 12/11/01 o órgão especial do Tribunal de Justiça do Rio reconhece por 17 votos a 4 a constitucionalidade da Lei 3123 reacendendo o direito e esperança de todos os auxiliares de ganharem suas permissões, porém a Prefeitura através da sua procuradoria a pedido de César Maia, recorreu da decisão (RE 359.444) ao Supremo Tribunal Federal alegando ser a Lei 3123 inconstitucional e que as permissões precisavam ser licitadas. Essa guerra só teve fim quando o STF julgou constitucional a Lei 3123 em 24/03/04 entendendo que a transformação dos auxiliares em permissionários era legítima por já terem registro e cadastro ativo na Prefeitura. O Prefeito César Maia teve que cumprir a decisão dando as permissões aos auxiliares, amargando uma grande derrota na sua carreira política, ante a vitória de um movimento social e popular de trabalhadores taxistas que lutavam por sua liberdade e autonomia. Somados os direitos legais e novas ações judiciais que ocorreram em favor dos diaristas, cerca de 7 mil permissões foram liberadas paulatinamente. Essa expressiva vitória popular do movimento D.N.M projetou o líder dos taxistas Ivan Fernandes para o cenário político; o mesmo saiu candidato a Deputado Estadual em 2002 mas não conseguiu se eleger.

Não satisfeito com a derrota, César Maia adota nova estratégia editando a Lei 4000/05. Essa lei permitiria a inclusão de dois auxiliares em cada permissão e a transferência das mesmas, restabelecendo o antigo mercado paralelo de táxis, inchando a "praça"de carros e voltando ao velho jogo político que sempre existiu dentro da secretaria de transportes da cidade. Nessa época, muitos que ganharam suas permissões às venderam ou alugaram, gerando severas críticas no meio da categoria, principalmente àqueles que eram filhos auxiliares registrados nos carros de seus pais, ou esposas registradas na permissão dos maridos. Todos ganharam sua autonomia de forma legal, porém agiram de forma não ética, já que eram herdeiros naturais das permissões que estavam cadastrados ou nela trabalhavam.

	Saga do Movimento Social "Diárias Nunca Mais"				
	Prefeito Luiz Paulo Conde	**Sindicato dos Taxistas Autônomos do Rio -STAMRJ**	**Prefeito César Maia**	**Tribunal Justiça do Rio - TJRJ**	**Supremo Tribunal Federal - STF**
Decreto 18693/00 data: 21/06/00 Concede permissão de táxi p/ auxiliares	Libera autonomia para os taxistas auxiliares	Entra na justiça contra o decreto que dava autonomia		Concede liminar ao STAMRJ e só reconhece o decreto legítimo em 14/11/00 após recurso	
Divulga Licitação de 1291 permissões cassadas em 02/09/00	Nova tentativa de liberar permissões para auxiliares	Entra na justiça contra a licitação pra liberar autonomia		Concede liminar ao STAMRJ	
Lei 3123 data: 14/11/00 Transforma taxistas auxiliares em permissionários	Sancionada sem vetos em 17/11/00 DNM ganham as permissões	Entra na justiça contra a lei que transformava auxiliar em permissionário		Suspende a Lei via liminar de 1a instância, mas reconhece sua constitucionalidade em 12/11/01 via recurso no TJ 2a instância	
Decreto 19443/01 data: 01/01/01 Revoga o Decreto 18693/00			Revoga o decreto 18693/00 e cassa as permissões dadas		
RE 359444 data: 26/09/02 Recurso Extraordinário contra Lei 3123			Recorre ao STF da decisão do TJRJ que reconheceu a Lei 3123 como constitucional		Reconhece em 24/03/04 a constitucionalidade da lei 3123, obriga a dar permissões aos auxiliares
Lei 4000/05 data:14/04/05 Revoga artigos da Lei 3123			Permite novamente a inclusão de dois auxiliares e a transferência de permissões		

Figura 1 – Quadro resumo do movimento social D.N.M. Fonte: Autoria própria.

A resposta ao Prefeito César Maia veio no ano de 2010 quando seu afilhado político Eduardo Paes assumiu a Prefeitura do Rio. Nessa época, o ex-líder do movimento D.N.M. reaparece no cenário do táxi com uma associação de abrangência nacional chamada ABRATAXI, que chegou a ter duzentos associados no seu quadro societário. A entidade fundada no Rio de Janeiro com filial em Belo Horizonte, tinha a pretensão de unificar toda categoria dos taxistas no país, abrindo uma regional nas 10 principais capitais da Federação. Seu projeto era arrojado e seu presidente, um velho conhecido no meio político, jurídico e sindical, haja visto sua vitória significativa com o movimento D.N.M no ano de 2000. Com capacidade de liderança, seriedade e propósito, a ABRATAXI; baseada no entendimento jurídico constitucional da época, o qual o táxi era uma permissão pública; ingressou com ação na justiça do Rio pedindo a licitação de todas as permissões de táxi da cidade como forma de acabar pela segunda vez com a exploração das diárias e o comércio paralelo dos táxis. Tal ação também foi realizada com êxito na cidade de Belo Horizonte pelo promotor Leonardo Barbabela e todos os taxistas auxiliares ganharam sua permissão. A briga judicial carioca foi tão grande que ganharam liminares pedindo recadastramento de todos os taxistas, a proibição das transferências de titularidade, proibição do ingresso de novos auxiliares e a própria licitação. Chegaram ao ponto de fechar a Secretaria Municipal de Transportes por 1 ano, por causa da decisão judicial dada em 05/12/13 pela Juíza Maria Teresa Pontes Gazineu, suspendendo os efeitos da Lei municipal 5492 que limitava o número de táxis na cidade, queria proibir a licitação e legitimava as transferências indiscriminadamente das permissões; considerando-a pelos motivos elencados, inconstitucional. Nesta época, outras entidades e associações de táxis foram formadas no Rio, entre elas a Aamotab, Fecaperj e Abracomtaxi de SP, todas contrárias a ideia da licitação e defensoras da manutenção habitual e histórica do táxi, formando um grande bloco de resistência.

Após decisão liminar, foi proposto a Prefeitura do RJ um TAC, (termo de ajustamento de conduta) uma tratativa de acordo judicial por parte do município com a ABRATAXI; não aceito pelo então secretário de transportes da época, Sr. Carlos Alberto Osório, alegando que era necessário esgotar os recursos interpostos pela Procuradoria do município. Após a Prefeitura do Rio perder os dois recursos e sofrer a condenação de mérito pela Juíza Maria Teresa Pontes Gazineu, ocorreu uma reunião de emergência realizada entre o Prefeito Eduardo Paes, o Governador Sérgio Cabral, os Procuradores do Município, o Presidente da Câmara Jorge Felippe, com o Presidente do Tribunal de Justiça do Rio Desembargador Manoel Alberto. Um último recurso foi impetrado, no qual, a Desembargadora Leila Mariano, suspendeu os efeitos da decisão tomada pela juíza Maria Tereza Gazineu. A alegação da época para tal atitude, foi o advento da Copa 2014 e dos jogos olímpicos 2016, e um processo licitatório dessa magnitude iria atrapalhar muito os afazeres, compromissos e projetos assumidos pela Prefeitura para realização dos eventos.

	ABRATAXI	PMRJ	TJ-RJ
Lei 5492/12 data 19/07/12 Estabelece normas, limita permissões e permite transferências	Pedi antecipação de tutela na justiça junto com o MP, proíbe transferências e novas permissões e ganha liminar	Eduardo Paes recorre em 1a instância	Nega recurso em 1a instância
TAC - Proposta de acordo judicial. 18/06/13	Pede autonomia pra seus associados e abre concessões para processos de transferências que estavam em andamento	Secretário Carlos Alberto Osório não aceita TAC no quesito licitar e dar permissões.	Ministério Público se faz presente na reunião
Agravo de Instrumento judicial 02/07/13		Recurso da Procuradoria do município em 2a instância	Desembargadora Maria Helena nega recurso
Sentença de Mérito 05/12/13	Ganhou ação para licitar as permissões	Perdeu ação no mérito e teria que licitar	Juíza Ma.Teresa Gazineu dá sentença pró ABRATAXI
Suspensão de Execução de Sentença nº 0012324-32.2014.8.19.0000 12/04/14	Suspensão do mérito da ação pelo recurso. Associação não recorreu da sentença por decisão votada do quadro societário por acordo político.	Prefeito, Procurador, Governador, Presidente Câmara articulam reunião no TJ com presidente do órgão. E entram com pedido de suspensão.	Desembargadora Leila Mariano suspende decisão de mérito temporariamente até o fim dos jogos olímpicos

Obs: Outra ação da ABRATAXI corria em paralelo, pra obter as permissões só pro seu quadro de associados. Perderam na 1a instância sem recurso posterior.

Figura 2 – Quadro resumo de ações da ABRATAXI

Fonte: Autoria própria.

Todo esse cenário nos revela, na verdade, que estava em jogo a variável tempo; para se atingir outros objetivos envolvendo todos os atores políticos e seus interesses econômicos/corporativos, favorecidos pela agenda esportiva vindoura; um deles sem a menor sombra de dúvida, era a chegada da UBER no Brasil que, em última instância, fora defendido pelo Prefeito Paes uma condição provisória de convivência entre os modais, em função de exigências contratuais da FIFA e do COI na área de mobilidade.

Mesmo com a neutralização jurídica da licitação, a luta da ABRATAXI continuou em Brasília até conseguir uma carta sindical no Ministério do Trabalho para fundar um sindicato estadual dos taxistas, o SIMEATAERJ, que teve fundamental importância no processo de recadastramento e redistribuição de autonomias no ano de 2019. Falaremos melhor sobre isso no último capítulo.

3.2 A agenda política legislativa pró UBER

Compreendido a formação do habitus cultural do táxi, suas práticas, o funcionamento do seu "mercado" e as decisões judiciais proferidas nesse período descrito, podemos avançar em nossa análise de forma comparada, para entendermos o cenário político econômico existente quando a UBER chega no Brasil em 2014, especificamente no Rio de Janeiro.

Já pontuamos no início do nosso estudo que alguns marcos históricos caminham conjuntamente com a transformação da geopolítica mundial; a crise de 2008 em especial foi um deles. Grandes grupos econômicos e políticos, costumam trabalhar seus projetos baseados em agendas planejadas com antecedência e são executados no longo prazo. O calendário mundial e local servem como base e pretexto para suas ações de expansão do capital transnacional, ampliação do poder político governamental e dos negócios. Essa é uma das hipóteses políticas que trago para nossa análise.

Como citado no parágrafo anterior, o advento da Copa do Mundo em 2014 seguido das Olímpiadas em 2016 colocam o Brasil no centro das operações comerciais. Pensar na implantação de um novo modelo de negócio no país com rupturas culturais advindas da tecnologia, como é o modelo da UBER, precisava incondicionalmente de um projeto e uma estratégia. Copa do Mundo e Olimpíadas, era o cenário ideal para se constatar a ausência e carência de transporte público suficiente, para atender o grande volume de turistas que chegam nas cidades nesses eventos internacionais. Fatos como esses, são facilmente justificáveis para criar a necessidade de demanda junto às autoridades e posteriormente ganhar apoio da população. Nosso primeiro teste justificável a essa tese, são os eventos locais e datas comemorativas especiais na cidade do Rio. Basta por exemplo, uma final de campeonato no Maracanã entre "Flamengo x Vasco", o último desfile de Carnaval na Sapucaí, a noite de Natal, do Ano Novo ou o final do show de qualquer popstar, para não se conseguir um táxi e ir embora para casa, devido a alta demanda. Imaginem essa realidade aplicada nos dois eventos internacionais citados que duram praticamente 1 mês! Foi exatamente aí que eles trabalharam! Nosso mercado de mobilidade urbana foi muito bem estudado, principalmente o Rio de Janeiro que possui a terceira maior frota de táxi por habitante do mundo; são 34 mil táxis circulando à disposição do carioca, perdendo apenas para Argentina e México. É a maior frota por habitante do Brasil, são 192 habitantes por táxi na cidade atualmente. No plano diretor da cidade está descrito que deveria ter apenas 1 táxi para cada 700 habitantes; tais dados comprovam que o Carioca é um grande usuário do transporte individual de passageiros e a cidade do Rio, ainda conta com uma população flutuante usuária dos serviços, que são os visitantes diários que chegam à negócios e turismo na cidade. No decorrer deste livro, vamos trazer para análise novos dados que compõem a estratégia de atuação da UBER no mercado de mobilidade e quais cálculos foram analisados que viabilizam o seu negócio.

Em prosseguimento da nossa análise, vamos focar no aspecto político legislativo que ocorreu nessa época, para justificar e dar o grau de legalidade necessário para a operação da UBER no Brasil. Essa parte requer uma atenção especial do leitor, devido à complexidade legislativa existente no jogo de interesses dos atores envolvidos.

Devido à briga judicial da ABRATAXI no Rio de Janeiro pedindo a licitação das permissões de Táxi, um grupo contrário de taxistas em conjunto com as entidades já citadas, ligados ao grupo político que comandava a cidade do Rio naquela época, se organizaram para atuação em Brasília com propósito de dificultar essa ação da licitação, que já se refletia em vários municípios do país. Os contrários à licitação estavam inicialmente muito mais preocupados em garantir os processos de transferências de autonomia e hereditariedade das permissões que tinham alto valor econômico e liquidez, do que pensarem em algum projeto nacional de integração da classe como queria a ABRATAXI. Nesse e em outros propósitos, várias leis foram criadas na época; a principal delas a nível federal foi sancionada pela Presidente Dilma Rousseff, a Lei 12468 em 26/08/11 que reconhecia o Taxista como profissão e atividade exclusiva para transporte individual de passageiros. Após essa lei, votaram outra lei muito bem elaborada e articulada que dava grande abertura interpretativa jurídica para atuação da UBER no mercado de transporte no Brasil; foi batizada de Lei da Mobilidade Urbana sob o número 12587 e sancionada em 03/01/12 pela mesma presidenta.

A lei de mobilidade urbana trouxe um conceito novo ao transporte individual de passageiros, caracterizando-o como público e privado, assim diferenciando-se entre si. Essa foi a primeira brecha alinhada politicamente com os legisladores que viabilizaram com antecedência o projeto de instalação da UBER no país. Entretanto, algumas divergências de interpretação ocorreram na lei de mobilidade urbana no que tange a questão do direito à remuneração ($). No seu artigo 4 parágrafo VIII, a lei é clara e define transporte público individual, como serviço remunerado de transporte de passageiros aberto ao público, por intermédio de veículos de aluguel, para a realização de viagens individualizadas; o que é uma afirmativa implícita que qualifica o Táxi. Ocorre que na sequência, no artigo X, a lei menciona o transporte motorizado privado como meio motorizado de transporte de passageiros utilizado para a realização de viagens individualizadas por intermédio de veículos particulares. Em nenhum momento é atribuído o caráter remuneratório ($) ao modal privado no artigo X.

Logo após, em 09 de Outubro de 2013 foi sancionada a Lei 12865 na qual em seu artigo 27, mudava o artigo 12 da lei de mobilidade urbana 12587, alterando o entendimento descritivo e conceitual do serviço de táxi; *de público, para utilidade pública.* Foi exatamente essa lei, acrescida da decisão do STF ao RE 359.444/RJ (Recurso do César Maia ao D.N.M), mais o art. 12-A da Lei 12.587/12 que diz: (O direito à exploração de serviços de táxi poderá ser outorgado a qualquer interessado que satisfaça os requisitos exigidos pelo poder público local.) com alteração da redação dada na Lei 12.865/13 que, o STF tomou como base no julgamento da ação de agravo nº 760.682/SC em 08/05/15, existente entre a Prefeitura de Florianópolis, o Ministério Público e o Sindicato local que questionavam a necessidade de licitação para o Táxi; definindo então o STF que, não era necessário licitação para táxi, conforme descrito no artigo 175 da CF; essa era a base argumentativa da ação. Ao mesmo tempo, tal decisão facilitou o caminho da UBER, uma vez que ninguém questionou o tempo de outorga previsto no §3 do artigo 27 da mesma lei. Como o entendimento de alguns tribunais e comarcas do país, por decisões proferidas em 1a instância, entre elas o Rio de Janeiro, era a defesa da tese da licitação; pela decisão tomada pelo Supremo, dispensando o processo licitatório, bastando apenas uma simples autorização do poder concedente; foi desfigurado nas autonomias de táxi do Rio, o termo "permissão" para "autorização", sem maior necessidade de dispêndio burocrático e licitatório; alterando o entendimento do direito administrativo vigente até então. As ações judiciais de licitação pelo país, portanto, perderam seu objeto de existência. Essa decisão do STF gerou uma súmula vinculante para os tribunais do país pacificando o tema, por conseguinte, acabando com todos os projetos da ABRATAXI que se mantinha viva nessa luta até então.

Segundo alguns juristas, sem querer entrar no mérito legal da questão, embora uma Permissão pública tenha caráter precário de direito do poder público cedido a terceiros; mudar essa condição Permissionária para Autorização, representaria uma perda de caráter indenizatório quando feita uma licitação para se obter uma Permissão, mesmo que adquirida por valor simbólico; o que não cabe a licenças autorizadas, que possuem valor ainda mais precário. Fica registrado o apontamento para debates futuros.

Quase de forma concomitante, ocorria no Rio de Janeiro articulações no poder legislativo, por parte dos grupos de táxi, com intuito de proibir a operação da UBER e assemelhados na cidade. A luta era para reconhecer a profissão de Taxista que foi regulamentada pela Lei federal 12468/11 (26/08). Nesse propósito, foi aprovado pelo Prefeito Eduardo Paes, a Lei 159/15 (29/09) que reconhece a profissão de Taxista na cidade do Rio, e a Lei 6106/16 (25/11) de autoria da Vereadora Vera Lins que proibia o uso de carros particulares e aplicativos para transporte privado na cidade. Na sequência, o Decreto 40518/15 (12/08) que aplica penalidades ao transporte remunerado irregular de passageiros, também foi feito. A UBER recorre no tribunal e logo foi dada uma liminar judicial pelo Juiz Bruno Vinícius Bodart, da 1a Vara de Fazenda Pública, suspendendo o Decreto 40518/15, autorizando o motorista UBER trabalhar e punindo os órgãos autuadores em R$50mil por cada infração, conforme consta no processo Nº 0346273-34.2015.8.19.0001 no TJRJ. Em sequência, no dia 08/10/15 a 6a Vara de Fazenda Pública através da Juíza Mônica Ribeiro Teixeira, autoriza o funcionamento da UBER em todo Estado do Rio. A Procuradoria do Município do Rio recorre da sentença e no dia 29/10/15 torna a perder por uma decisão dada pela Desembargadora Márcia Ferreira Alvarenga da 17a Vara Cível do TJRJ mantendo o entendimento da 1a instância.

Olhando esse cenário, fica muito claro o caráter legalista e a disputa de força existente entre o poder público e o poder privado, reconfigurando os blocos internos existentes na máquina do Estado e seus interesses envolvidos. Fica mais uma vez explícita a influência do capital internacional atuando na desarticulação do Estado usando um poder do próprio Estado; o Judiciário, para fazer cumprir sua agenda . Embora pareça transparente a disputa, não podemos deixar de pontuar a "desistência" do recurso jurídico da Prefeitura do Rio ao processo, haja vista a grande necessidade de transporte que viria nos Jogos Olímpicos. Muito embora, tal jogo de disputa entre executivo e judiciário pareça ser independente, quando há grandes interesses políticos e econômicos envolvidos, esses poderes interagem entre si como prevê a teoria de freios e contrapesos. Em muitos casos, agem como grandes combinados táticos do tipo "paz armada"; agindo o judiciário funcionalmente como um poder moderador de conflitos e interesses, os quais geralmente tendem às vontades econômicas e políticas envolvidas na causa de seus atores. Inclusive, especificamente neste caso à época dos jogos, foi aconselhado o uso da UBER pelo próprio Consulado Americano, conforme consta na reportagem da revista Tudo Celular em 04/08/16 (TUDOCELULAR, 2016).

Outro ponto importante da nossa pesquisa foi identificar os grandes escritórios jurídicos contratados pela UBER em sua defesa no Brasil; são eles: Dr. Otto Licks, da Licks Advogados pelo Rio de Janeiro e os escritórios Mattos Filho Advogados e Advocacia Demarest por São Paulo. A propósito, Virgínia Fontes relata em artigo que nessa metamorfose do capital, está contida ação direta das redes jurídicas internacionais a serviço da fuga legislativa de impostos e dos benefícios em paraísos fiscais. Vou mais além; a forma contábil que a UBER atua no mundo é questionável diante do anúncio de prejuízos bilionários (G1, 2019c). Seus aportes financeiros com pesquisas considera-se investimento, e os gastos com as mesmas são vistos como despesas correntes, a metodologia gera uma grande engenharia financeira e contábil a serviço do capital transnacional.

Foi nesse turbilhão político legislativo/judicial que foi forjada a legalização da UBER no Brasil por lei federal. Beneficiada também pela lei 13429 que trata da terceirização e flexibilização das leis trabalhistas, sancionada em 31/03/17 pelo Presidente Michel Temer; na Câmara dos Deputados, foi votada a Lei 13640/18 que fez apenas uma modificação na Lei 12587/12 no seu artigo 4 inciso X que passou a vigorar com a seguinte redação: (transporte remunerado privado individual de passageiros: serviço remunerado de transporte de passageiros, não aberto ao público, para a realização de viagens individualizadas ou compartilhadas solicitadas exclusivamente por usuários previamente cadastrados em aplicativos ou outras plataformas de comunicação em rede) Tal alteração foi pedida por um projeto de Lei 5587/16 de autoria do Deputado Federal Carlos Zarattini do PT - SP. Percebam que a diferença entre Táxi e UBER após essa mudança, ficou restrita da seguinte maneira: O Táxi é um serviço de transporte individual de utilidade pública, remunerado, aberto ao público, prestado por um ente privado, numa real parceria público privada entre o município e o taxista. Já a UBER se caracterizou como um serviço de transporte individual privado, remunerado, não aberto ao público; algo comparado, de pouquíssima diferença operacional entre os dois modais; de interpretação jurídica duvidosa e contestativa, por ser um serviço praticamente análogo ao Táxi, onde ambos se caracterizam como privado.

Após aprovação da Lei 13640 no Congresso, o projeto seguiu para o Senado Federal sob a sigla PLC 28. Com a mobilização dos taxistas em Brasília, a UBER investiu pesado em propaganda em horário nobre na TV, tentando sensibilizar a sociedade a aderir sua campanha contra a perda de direitos de seus usuários (UBER, 2017), caso o projeto que a beneficiou fosse modificado.

Para garantir essa empreitada, o CEO internacional da UBER freta um jato nos EUA e vem ao Brasil para um encontro pessoal, direto com o Ministro da Fazenda da época, Henrique Meirelles, (PODER 360, 2017a) exatamente no dia da aprovação da PLC 28 no Senado, o que não é uma simples coincidência. O fato curioso ocorrido nessa época foi a agressão sofrida pelo CEO de comunicação da UBER Fábio Sabba por um Taxista do Rio que foi em carreata a Brasília (PODER 360, 2017b). Ao retornar do Senado, o projeto aprovado em 31/10/17 teve algumas alterações; entre elas: a não exigência da placa vermelha que caracteriza veículos de aluguel, como prevê o CTB (Código de Trânsito Brasileiro) e a dispensa da autorização prévia da Prefeitura, o que diferencia o serviço de utilidade pública (táxi) do privado (Uber). O projeto retornaria para Câmara que o encaminha sem novas alterações para sanção presidencial. O texto que foi à sanção presidencial foi um substitutivo do deputado Daniel Coelho (PSDB-PE) ao Projeto de Lei 5587/16 (15/06), de autoria do deputado Carlos Zarattini (PT-SP). A única emenda rejeitada, pretendia retirar dos municípios a atribuição de regulamentar a atividade e também a exclusividade de fiscalização; portanto, continuou no texto a exclusividade dos municípios para regulamentar e fiscalizar esse tipo de serviço de forma local.

Paralelo a tudo isso, em 20/11/15 o CADE (Conselho Administrativo de Direito Econômico) através da sua Superintendência Geral, acatou denúncia da UBER e instaurou um processo contra Taxistas para investigar condutas anticompetitivas da categoria. No mesmo mês, a Comissão de Defesa do Consumidor da Câmara dos Deputados, fez uma representação contra a UBER no órgão, alegando que a empresa estava operando ao arrepio da lei devido a falta de regulamentação do poder municipal. Em 16/02/16 o mesmo órgão, através do seu Departamento de Estudos Econômicos - DEE divulgou um estudo no qual apontava que a UBER não atrapalhava o modal Táxi, porque a empresa atuava num nicho de mercado não atendido pelo Táxi. O estudo reforçava um documento interno de cinquenta páginas feito pelo economista chefe da entidade, Sr. Luiz Alberto Esteves em Setembro de 2015, chamado "O Mercado de Transporte Individual de Passageiros: Regulação, Externalidades e Equilíbrio Urbano". Em 19/10/17 o CADE emitiu parecer técnico recomendando o arquivamento do processo aberto pela comissão de Brasília, alegando não ter competência para definir a questão devido às várias controvérsias jurídicas indefinidas e as polêmicas que envolvem o caso UBER no Brasil (CADE, 2017). Uma das grandes polêmicas jurídicas que envolviam a UBER e sua operação no Brasil era o julgamento da ADPF 449 que seria julgada no STF. Nesse processo, estava juntada a ação do partido PSL do Ceará contra a lei 10553/16, mais o recurso extraordinário (RE 1054110) interposto pela Câmara de Vereadores de SP contra o julgamento de inconstitucionalidade do TJ-SP contra a lei municipal 16279/15 que proibia o uso de carros particulares para transporte remunerado de passageiros em SP. No julgamento, o STF julgou constitucional a atividade fim de motoristas por aplicativo, não cabendo aos municípios limitar a atividade nem a quantidade; apenas regulamentá-los (STF, 2019). Finalmente, após grande luta da UBER no Senado, no Congresso, no CADE e no Judiciário, no dia 27/03/18 o Presidente Michel Temer sancionou sem vetos a Lei 13640 que reconheceu o transporte privado por aplicativos no país (PLANALTO, 2018).

	PMRJ	Governo Dilma	STF	Governo Temer	UBER	TJ-RJ
RE 359444/RJ data 26/09/02 **Recurso de 2002 pra não dar autonomia ao DNM**	Questionamento feito por César Maia ao STF para não dar autonoma ao DNM		Julga a RE 35944/RJ improcedente é dá constitucionalidade a lei 3123			Obriga distribuir autonomias no RJ pro movimento D.N.M.
Agravo 760682/SC 08/05/15 **Ação que pedia licitação EM Santa.Catarina**			Define que táxi não precisa licitar, só autorizar			Restaura a lei 5492/RJ devido decisão do STF
Lei 12468 26/08/11 lei da profissão do táxi		Reconhece a profissão taxista no pais como exclusiva				
Lei 12587 03/01/12 **instituiu a mobilidade urbana**		Cria conceito e divide transporte individual entre público e privado			Empresa beneficiada diretamente	
Lei 12865 09/10/13 **troca nomenclaturas**		troca natureza do táxi pra utilidade pública. Permute transferir táxi	Se utiliza dela pra julgar Agravo 760682/SC e definir não licitar táxi		Beneficiada pelo Art 27 que altera art 12 e 12a da lei 12587	
Lei 159/RJ 29/05/15 Regulamentação	Eduardo Paes regulamenta lei 12468 reconhece o taxista como profissão				Entra na justiça contra lei 6106/RJ que proíbe carros particulares 25/11/16	Concede liminar

Figura 3 – Estratégia Jurídico Legislativo da UBER

Fonte: Autoria própria.

Decreto 40518/RJ 12/08/15 **Aplica penalidades ao transporte privado**	Penaliza transporte ilegal com multas				Faz denúncia no CADE e aciona decreto na justiça	Autoriza o trabalho em todo Estado RJ
Lei 13640 27/03/18 **Lei da UBER**				Cria o motorista por aplicativo	Comemora sua legalização	Caem as leis proibitivas ao transporte privado
ADPF 449 08/09/19 **Junta de recursos no STF que proíbem a UBER**			Julga lei 10553/16 CE + RE 1054110/SP Legitimação jurídica da UBER		Comemora sua legitimação	Jurisprudência nos tribunais

Figura 4 – Continuação da figura anterior
Fonte: Autoria própria.

4 ALÉM DA UBER E A REGULAMENTAÇÃO NO RIO

4.1 Possibilidades através da tecnologia

No capítulo anterior, procuramos descrever os caminhos legislativos e jurídicos usados como estratégia de inserção da UBER no mercado brasileiro. Compreendemos que é a parte central do nosso trabalho, por isso demandou muito tempo de pesquisa e correlação de fatos que puderam ilustrar melhor toda nossa abordagem teórica. Porém, precisamos pensar além do que nos parece óbvio e cognitivo; é o que vamos propor agora.

O que mais pode haver por trás da UBER e seu modelo de negócio, para tamanho interesse de investimento no mundo, em especial o Brasil, o Rio de Janeiro e as principais capitais do país? Qual a lógica predominante ou não revelada abertamente nesse modelo de negócio tecnológico, que começou oferecendo motoristas em carros de luxo com vidros escuros, oferecendo água para seus clientes que deixaram de ser ofertados após sua consolidação no mercado? Vários estudos, artigos acadêmicos e notícias foram divulgados e são estudados atualmente sobre o fenômeno da "uberização do trabalho", a precarização da mão de obra e o fomento ao empreendedorismo individual que esse tipo de plataforma digital traz ao mundo. Direcionaremos parte do nosso estudo sobre esse tema neste capítulo e apontaremos como se dá seu desdobramento no mercado. A título de exemplificação e ilustração, citaremos o entregador motoboy da UBEReats como reflexão, demonstrado na charge a seguir publicada na página do sindicato estadual dos taxistas. Vemos hoje, jovens fazendo entregas via aplicativo usando motos ou bicicletas alugadas da "Bike Rio", uma empresa patrocinada pelo Banco Itaú que possui várias estações de bicicletas espalhadas pela cidade. O mesmo modelo de negócio se aplica aos patinetes que surgem na cidade.

Mas afinal, o que está por trás dessa modernidade na mobilidade urbana? Como podemos explicar de forma convincente o surgimento de grandes grupos econômicos financiando projetos ligados à mobilidade? Não há outra resposta que não seja a ampliação da ação do capital internacional sobre o Estado, na lógica da financeirização, concentração do capital e extração de valor do trabalho; contrapondo-se a qualquer modelo de política pública pré-existente, tomando para si a lógica da prestação de serviços, que seriam em primeira análise função do Estado, passando para controle e gestão da iniciativa privada ligada ao capital internacional. (caso típico da guerra Táxi x UBER). Outro dado não menos relevante, no exemplo dos entregadores, é perceber nesse modelo, em conformidade com o pensamento de Virgínia Fontes, que a exploração do trabalhador se dá por vários patrões simultaneamente! O jovem entregador consegue servir a vários restaurantes e lanchonetes ao mesmo tempo, serve ao aplicativo de entregas e ainda paga pra trabalhar alugando uma bicicleta, gerando lucro para todos, sem ter participação em dividendos, nem direitos trabalhistas, em nenhum deles! tornando-se serviçal de vários senhores. Segundo Virginia, a reprodução do trabalho nesse modelo de extrema concentração de riqueza, da propriedade privada e seus recursos sociais de produção, geram trabalhadores totalmente desprovidos de direitos, e sem controle de jornadas, expondo cada vez mais o ser sociável, vulnerável a venda do seu trabalho; por importar sua condição de subsistir. Segundo ela, a capacidade criativa morre, ampliando a alienação entre trabalho e capital, alocando os trabalhadores em disponibilidade total a maior parte do tempo, acabando com o emprego e criando o conceito de tempo de lucro disponível, o qual entrega-se valor de trabalho a qualquer hora do dia, surgindo o que classificamos de trabalho por tarefas. Bem resumidamente é esse o quadro geral da precarização do trabalho que ocorre hoje e irá ampliar-se em várias áreas do trabalho, conforme também nos alerta em seus artigos o Procurador do Ministério Público do Trabalho e professor de Direito do Trabalho da UFRJ, Dr. Rodrigo Carelli (CARELLI, 2017).

Essa é a lógica vigente da "Economia Compartilhada" trazida pela UBER e pelo modelo Neoliberal tecnológico, que se aplica em qualquer setor da economia formal e informal, pois visa preponderantemente a tecnologia como intermediação de negócio, sendo-a apenas meio e não fim. É o que faz a Airbnb alugando quartos particulares por todo mundo, tornando-a o maior rede hoteleira do planeta, sem ter sequer um único prédio; como também as empresas de vendas de passagens aéreas não terem nenhum avião e o próprio motorista parceiro UBER que aluga um carro com desconto na locadora para trabalhar; estão todos sob a mesma lógica da precarização do trabalho e a chamada revolução tecnológica digital 4.0.

Figura 5 – O falso empreendedorismo

Fonte: Charge de Vitor Teixeira, retirada da página do sindicato estadual dos táxis.

Na área médica por exemplo, o Conselho Federal de Medicina regulamentou o atendimento médico a distância; (CFM,

2019) logo teremos um serviço tecnológico que fará essa intermediação entre médicos e pacientes em qualquer lugar do mundo, gerando uma grande revolução e competição no mercado médico e nos planos de saúde. A mesma lógica se aplica na Educação; Startups como a Modular, AulaUp e o Colmeia foram pensadas para intermediar professores e alunos com aulas particulares. Na outra ponta, grandes empresários já investem em projetos ambiciosos no ensino, como por exemplo o fundo Gera Venture do empresário Paulo Lemann. No EAD, o futuro será com salas virtuais com tecnologia capaz de projetar um único professor via holograma em várias salas ao mesmo tempo, afirma o pesquisador Vanderlei Martinianos em matéria divulgada no Jornal Gazeta do Povo em 30/04/16 (GAZETADOPOVO, 2016). Outro setor que já sofre forte impacto na revolução digital, são as livrarias e editoras. A uberização já chegou nesse setor e irá ganhar muita força. O produtor de conteúdo não mais irá precisar de intermediação para criar seu livro; ferramentas poderosas são oferecidas pela Amazon e Google, nas quais existe a possibilidade de revisar texto, produzir capa, criar código de venda e registro do livro, cabendo a essas plataformas a divulgação e controle das vendas cobrando sua comissão por cada Ebook vendido.

Todos esses insights nos servem para traçar um paralelo naquilo que queremos explorar sobre a UBER neste capítulo, ou seja, o mercado que ela vislumbra no Brasil com foco no Rio de Janeiro e a concentração de poder político e econômico que ela pode adquirir.

O primeiro ponto a ser analisado no mercado de transporte do Rio são os ônibus.

Segundo informa o site G1 de 03/06/19 (G1, 2019b), no ano de 2018 a cidade do Rio tinha uma frota de 8342 ônibus. Em 2019 houve uma redução para 6833 ônibus. Tal fato se deu pelo quadro de crise econômica que passa o país, pelo qual, segundo Jornal O Globo de 23/5/18, 10 empresas de ônibus fecharam as portas na cidade (O GLOBO, 2018). Esses números nos remetem a um cálculo médio simples, para sabermos o número de passageiros transportados sentados nos ônibus de 45 lugares da cidade. Seriam, na média, cerca de 307.485 pessoas transportadas assentadas. Lógico que o número é maior se considerarmos o fluxo de embarque e desembarque e a quantidade de pessoas que viajam de pé nos ônibus. Mas para efeito comparativo, levando em consideração o conforto de estar sentado nos automóveis e a impossibilidade de ir em pé num automóvel, consideramos apenas o número de assentos disponíveis nos modais. Segundo censo de 2018 do IBGE (IBGE, 2018), a cidade do Rio de Janeiro possui 2.035.943 veículos legalizados. Partindo do princípio que a maioria dos carros são de 5 lugares com possibilidade de transportar apenas 4 pessoas, excluindo-se o motorista, chegamos a conclusão que a frota de carros particulares do Rio é capaz de transportar 8.143.772 pessoas diariamente. Essa é uma das lógicas pensada pela UBER; vender os assentos vagos dos carros particulares como intermediação de transporte para os motoristas que já estão circulando nas ruas, proporcionando renda extra à eles, sem qualquer vínculo trabalhista com eles, inaugurando assim a "economia informal do bico", afetando diretamente o Táxi e demais modais de transporte. Levando em consideração a frota de 34 mil táxis na cidade do Rio que em média faturavam R$300,00/dia antes da crise econômica e a chegada da UBER, estamos diante um mercado de R$10.2 milhões diários e R$306 milhões mensais, sem computar ônibus, trens, metrô e barcas.

Esse é o panorama Carioca observado pela UBER e aí está um dos negócios principais dessa empresa que é; ser uma plataforma única de intermediação de todos os meios de transportes, se tornando uma grande concentradora de dados, de gestão de capital por meio eletrônico e uma central de recebimentos e pagamentos, conforme revela reportagem da revista Exame de 23/08/19 (EXAME, 2019b). É oportuno analisarmos e compararmos esse novo modelo de concentração e controle tecnológico do capital, fazendo uma analogia com a estrutura de poder existente no Estado na sua secretaria de transportes, no controle dos Táxis e demais modais. São as Prefeituras que detém o poder de controlar, fiscalizar e dar as autorizações de táxis na cidade. Ocorre que esse modelo gerou alguns monopólios de exploração e especulação do trabalho por aqueles que possuíam várias autonomias e se tornaram investidores no mercado paralelo informal do Táxi, conforme já citamos anteriormente. Dito e posto, a UBER chega no mercado da mobilidade urbana, como a grande empresa capitalista do setor, quebrando o oligopólio histórico existente entre os exploradores do meio táxi, que tinham indiretamente a proteção e conivência do Estado; passando a UBER ter o controle e acesso direto ao capital circulante na base da pirâmide dos transportes, que envolve taxistas, motoristas e usuários, substituindo o antigo poder do Estado, não precisando de autorização específica do mesmo para operar, por estar baseada nos princípios da livre iniciativa previsto na Constituição Federal de 1988.

Outro fato muito relevante que vamos considerar, também pontuado por Virgínia Fontes, é seu modo operacional de transferência total de custos e responsabilidades ao motorista parceiro, incluindo impostos e taxas. Tudo é de responsabilidade do motorista na sua relação com os usuários. Desta forma, a UBER inova nessa relação de trabalho controlando a todos de forma internacional e fomentando a descentralização do trabalho. A ela cabe apenas a intermediação do serviço, divulgação publicitária, atualização tecnológica da plataforma, diversificação e ampliação dos negócios, o marketing de parceria comercial e alguns brindes e mimos a seus motoristas e clientes. Esse é o discurso padrão da empresa; se o consumidor está aceitando passivamente essa prática é outra questão que se discute nos tribunais mundo afora; abordaremos esses fatos na conclusão do livro.

Comparando esse modelo ao modelo empresarial do táxi que citamos no capítulo 2.1, no qual o custo de renovação e manutenção da frota de táxi era todo do empresário, percebemos que o modelo UBER é infinitamente mais lucrativo. É muito melhor administrar um capital circulante de R$306 milhões mensais através de uma plataforma tecnológica e dele obter 25% (R$ 76,5 milhões/mês) do que mobilizar capital de forma direta com aumento de risco. Essa é uma das principais lógicas que está por trás da revolução digital 4.0, o controle e acumulação de capital com risco médio de investimento de forma terceirizada.

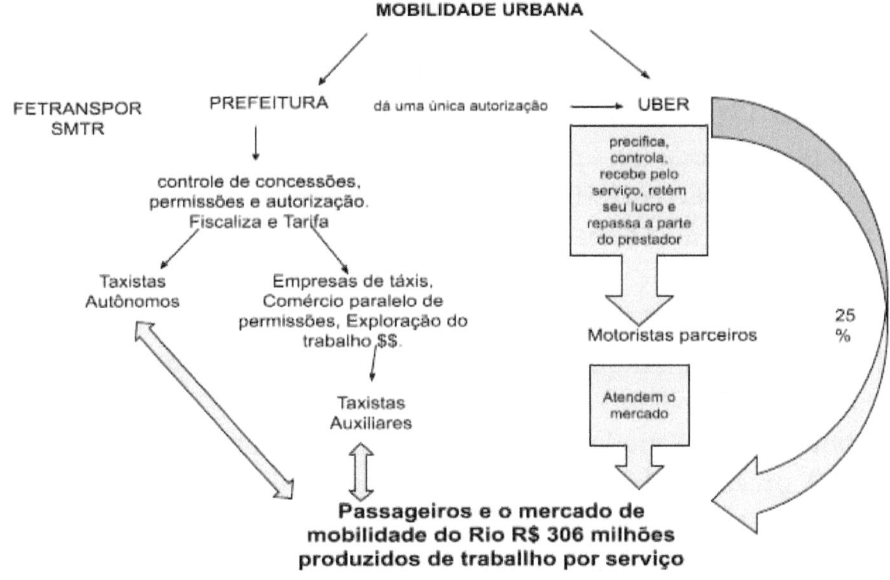

Figura 6 – Fluxograma comparativo de mobilidade urbana (Prefeitura X UBER)
Fonte: Autoria Própria.

E no meio político! Qual seria hoje a forma da UBER continuar influenciando o poder além do lobby realizado na sua chegada já descritos aqui. Explicar com mais detalhes o fluxograma acima trazendo a luz Virgínia Fontes, é fundamental e central ao nosso trabalho. Do lado esquerdo do desenho está representada a estrutura do Estado na instituição Prefeitura, sua relação com o modal táxi e as características de investidores do setor com a exploração do trabalho. De forma destacada colocamos a FETRANSPOR que representa o interesse do grande capital nacional junto ao órgão de governo na secretaria de transporte, caracterizado inclusive pela corrupção conforme matérias recentes (O GLOBO, 2019a) (O GLOBO, 2019b). O fato reforça a tese da apropriação do Estado pelo interesse do capital que se utiliza da sua estrutura para interesse próprio. De forma análoga e muito mais agressiva, vemos do lado direito da figura a ação direta do capital internacional via UBER, substituindo o capital nacional, subordinando o trabalho e o lucro diretamente ao interesse e controle externo. Para Virgínia Fontes, tal fenômeno significa a centralização internacional da mão de obra pelo capital, acrescido da descentralização total do processo de trabalho. Essa lógica empírica que demonstramos no transporte, pode se aplicar perfeitamente em outras áreas supostamente pertencentes e de responsabilidade do Estado, como: Saúde, Educação, Saneamento, Manutenção, Espaço público e Segurança.

Continuando na análise do foco político, não podemos deixar de especular que a visita direta do maior executivo da empresa ao Ministro da Fazenda em Brasília no dia de uma votação importante no Senado Federal, não foi apenas para tratar de negócios. A presença da UBER nas principais capitais do país, a torna uma máquina eleitoral poderosíssima. Por conter um cadastro de milhares de motoristas parceiros e os usuários de seus serviços, a UBER adquire grande força política com capacidade de influência em várias esferas do poder. Entre eles podemos destacar, financiamento de campanha eleitoral, venda de publicidade direcionada na sua plataforma, venda de perfis de voto com base em análises de hábitos de seus usuários como potenciais eleitores, patrocínio de eventos nas cidades, como feito no Carnaval de 2018 do Rio de Janeiro (BAND, 2017), atuação em projetos sociais de interesses políticos e o temido monitoramento pessoal via GPS que rastreia toda sua localização e mantém o histórico de chamadas de origem e destino de seus serviços. Como já mencionamos, a empresa alega ter retirado esse módulo do App depois das ações impetradas nos EUA mas, a dúvida é latente e sem garantias explícitas. Autoridades e personalidades se tornam presas fáceis na medida em que, de alguma forma, seus passos podem ser monitorados e usados como chantagem política, ao incorrerem do uso inadequado do serviço, fora dos valores éticos morais de uma sociedade tradicionalista e conservadora como a nossa.

Outro aspecto relevante que podemos levantar como força política escondida por trás da UBER e todas as empresas que atuam em segmentos semelhantes, é a possibilidade prevista na nova Lei 13877/19 que regulamenta novas regras de financiamento eleitoral na qual, em seu Art.39 §6, admite a possibilidade das empresas de pagamento digital atuarem como bancos, oferecendo serviços aos partidos políticos e seus candidatos.

De olho nesse mercado, a UBER não perdeu tempo, lançou seu próprio cartão de crédito e tornou-se também um banco digital (TECNOBLOG, 2019).

O que precisa ficar bem claro para nós no quesito político é que, na Constituição Federal de 88 está definido no seu Artigo 22 § IX e XI a exclusividade da União em legislar sobre trânsito e transporte. Portanto, a legalização federal gerou uma grande força política na UBER que atua de duas formas: Centralizada, de cima para baixo a nível federal, e descentralizada, de baixo para cima a nível municipal, fortalecendo a lógica dos municípios que atuam legislativamente no transporte, seguindo as regras federais de acordo com seus interesses locais. Essa configuração representada figurativamente logo abaixo, torna a UBER um "player político" poderosíssimo com capilaridade nas principais capitais do país, no poder central e no meio político partidário, tornando-a um ator político de ação direta no sistema, conforme ilustração seguinte.

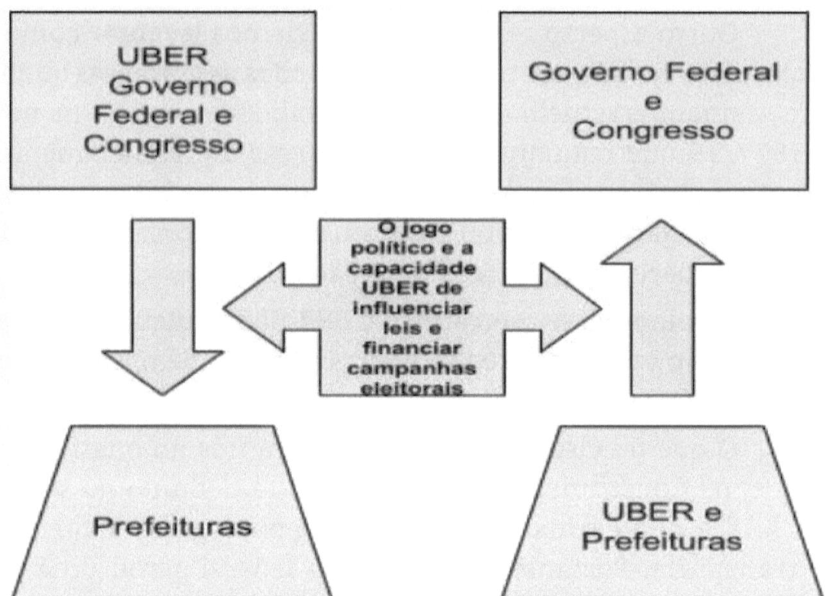

Figura 7 – Fluxograma de influência política

Fonte: Autoria Própria.

4.2 O processo regulatório no Rio e as Políticas Públicas adotadas

Após a sanção presidencial feita pelo Presidente Michel Temer da Lei 13640, coube aos municípios regulamentá-la. A norma federal é uma orientação dada aos municípios de como eles devem proceder no processo regulatório das empresas de aplicativos. Há aqueles que defendem a ideia que os municípios podem não querer regulamentar o serviço UBER na cidade, e que a lei federal 13640 fere vários preceitos constitucionais, como o código de trânsito brasileiro, o falseamento da livre concorrência por causar dumping no mercado, e o principal argumento que é; a exclusividade dada somente ao taxista de transportar passageiros de forma remunerada conquistada na lei federal 12468/11. Como essa interpretação tem um caráter exclusivamente judicial, não iremos nos aprofundar nas teorias jurídicas que envolvem a discussão do tema por não ser esse o nosso foco mas, fica registrado o apontamento jurídico para debates comparativos futuros entre as duas leis federais; a (12468/11 x 13640/18) o código de trânsito brasileiro e a constituição federal.

O início de toda operação da UBER no Brasil aconteceu no Rio de Janeiro e se deu judicialmente através do mandado de segurança nº 0406585-73.2015.8.19.0001, em trâmite perante a 6ª Vara de Fazenda Pública do Tribunal de Justiça do Estado do Rio de Janeiro. Basicamente o entendimento judicial pró UBER, é que não se pode proibir a livre iniciativa no país prevista na constituição federal de 1988, e a ausência de leis regulatórias do serviço favorecem a operação da empresa no país. Esse é o principal argumento utilizado pela empresa para ganhar suas liminares em todas as capitais do país.

Na cidade do Rio de Janeiro o Prefeito Marcelo Crivella

regulamentou o serviço via decreto de nº 44399/18 (O GLOBO, 2018). O ato causou forte reação no meio dos taxistas que realizaram vários protestos na cidade, tamanha é a desvantagem competitiva entre os dois modais. Reuniões com o Prefeito, e a busca de Vereadores dispostos a brigar pela categoria do táxi, tornaram-se rotina na vida de muitos taxistas. Organizados por uma comissão representativa da classe, visitaram gabinetes e agendaram reuniões para discutirem e debaterem soluções para a causa. O Vereador carioca que abraçou a causa dos taxistas tornando-se base de luta da categoria, foi Brizola Neto do PSOL junto com o Presidente da Câmara Jorge Felippe do MDB. Na cidade de São Paulo, centro financeiro do Brasil, essa representação foi acolhida pelo Vereador Adilson Amadeu do PTB.

Pelo nobre Vereador carioca Brizola Neto, foi convocado um debate público no dia 13/11/18 para tratar a questão da precarização do trabalho que todos os aplicativos de intermediação de serviços trazem à cidade. Esse debate foi praticamente monopolizado pela questão da UBER e seu modelo de negócio em detrimento ao táxi, seus motoristas parceiros precarizados, a forte atuação do judiciário na concessão de liminares e o questionamento da falta do vínculo de trabalho dos motoristas. A foto a seguir é uma forte crítica a tudo isso! Ela circulou nas redes sociais, grupos de WhatsApp, páginas do meio táxi e no sindicato, retratando muito bem o cenário vivido nessa guerra.

Figura 8 Charge representativa do liberalismo predatório.
Fonte: Retirado da página da Associação TAS.

Esse desenho representa muito bem a percepção de uma associação de taxistas quanto ao que está ocorrendo na sua categoria. Na parte de cima vemos a disputa entre o imperialismo americano e o Estado brasileiro meio apático na guerra entre Táxi x UBER. Abaixo percebemos a submissão ao imperialismo, dos dois trabalhadores explorados representado num só, diante da ausência do Estado, que sufoca o sentimento nacionalista, representado por um Juíz pisando a marca Táxi, se colocando a serviço do establishment americano empresarial, dentro de uma lógica legalista jurídica que transforma o Estado por dentro utilizando suas estruturas; o que chamamos de Juristocracia do Poder.

Ainda no aspecto instrumental e institucional cabível a Câmara dos Vereadores, duas audiências públicas foram convocadas pelo presidente da comissão de transportes da Câmara Vereador Alexandre Isquierdo; a primeira no dia 06/12/18 (EXTRA, 2018) foi para ouvir as demandas da classe dos táxis e das empresas de aplicativos. A segunda audiência pública convocada, tratou da apresentação do estudo técnico da COPPE-UFRJ que foi contratada pela comissão de transporte da Câmara, com objetivo de levar subsídios e ampliar o debate entre os Vereadores, para se pensar um projeto de lei de regulamentação dos aplicativos de carros particulares na cidade, em substituição ao decreto nº 44399/18 do prefeito Marcelo Crivella que regulamentou o serviço (CAMARARJ, 2019). Estive presente em todos esses eventos. Na primeira audiência, dei minha contribuição pessoal como pesquisador, levantando e mostrando os aspectos técnicos e políticos desse estudo, diretamente da tribuna.

Muitas informações aqui descritas e registradas, fazem parte integrante desta participação direta como pesquisador. Destaco aqui uma informação de muita relevância. Em nenhum desses eventos públicos as empresas de aplicativos estiveram presentes; sequer mandaram representante oficial para falar e debater; o que reforça a perspectiva aqui já exposta; essas empresas atuam no lobby e nos bastidores do poder. Outro dado de extrema importância, foi revelado na audiência pública pelo coordenador do projeto de pesquisa da COPPE, Professor Marcelino Aurélio; as empresas de aplicativos se negaram a dar informações que contribuíssem de forma positiva ao estudo, principalmente na questão do impacto viário e poluição ambiental, pontos chaves na elaboração da lei municipal que pretende regulamentar o serviço no município. Não podemos deixar de mencionar que a última audiência pública foi marcada por uma grande carreata de táxis na cidade (AGORA NOTÍCIAS BRASIL, 2019), prática que passou a ser rotineira na classe, embora com pouco resultado prático, positivo, e definitivo para a categoria. Diante disso, formou-se uma comissão de taxistas com membros dos sindicatos, associações e cooperativas, com objetivo de pensar uma lei que regulamente o serviço dos aplicativos e preserve o mínimo do espaço de atendimento do táxi na cidade. Essa comissão atuava diretamente com o presidente da Câmara dos Vereadores, Jorge Felippe. Participei diretamente de várias reuniões para contribuir com ideias ao projeto.

Várias visitas pessoais aos Vereadores foram feitas em seus gabinetes, com intuito de conscientizá-los a votarem favoravelmente ao projeto de lei PLC 078 que consiste na lei municipal que substitui o decreto nº 44399/18 atual do Prefeito Marcelo Crivella, que trata o tema regulamentar da UBER com muita parcimônia, prejudicando o modal táxi e canibalizando o setor. Neste projeto de lei, estão previstos alguns pontos centrais que preservam o serviço do táxi e evitam a canibalização da mobilidade urbana na cidade. Destaco alguns itens do projeto: - Cobrança de ISS da parte do motorista obrigando a UBER a recolher e repassar ao município, - Proibição aos carros fora do município do Rio de rodarem na cidade exigindo emplacamento local; - Registro e cadastro dos motoristas de App na Prefeitura do Rio, não podendo haver duplicidade de registro, ou seja, quem estiver no modal táxi não pode ficar no modal carro e vice-versa; - Taxa de uso viário urbano para formar um fundo de reserva financeira com repasse de verbas para incentivo, projetos e manutenção de uso ao transporte coletivo da cidade; - domicílio eleitoral na cidade.

O fato curioso desse momento, foi o início da mobilização dos motoristas de aplicativos da UBER para que a Câmara não aprovasse o projeto de lei de regulamentação do serviço na cidade, ou seja, deixar o mercado bagunçado; sem qualquer interesse de profissionalizar o setor, ou se pensar na criação de um conselho profissional; parece ser vantajoso para motoristas e empresas de aplicativos, que pouco ou nada contribuem em impostos para cidade. Regulamentar significa mudar o modelo de negócio deles.

Por duas vezes tentou-se colocar o projeto de lei em votação na Câmara sem sucesso, nos dias 10/10/19 e 15/10/19 respectivamente (PORTAL EBC, 2019) (O DIA, 2019). O desgaste da credibilidade do Vereador Jorge Felippe junto a categoria e a comissão que articula esse projeto de lei, aumentava a cada reunião e os sintomas eram claros nas redes sociais que o projeto passava por um forte boicote interno na Câmara, fruto da ação dos motoristas junto aos Vereadores, o lobby da UBER, e a influência direta do Prefeito Marcelo Crivella junto a sua base aliada.

É nesse contexto que aprofundamos outros atos do poder executivo que favorecem a viabilização da UBER no Rio de Janeiro. Entre eles, além do decreto municipal está a tipificação da empresa e sua natureza de negócio. Uma das polêmicas que envolve a UBER no mundo é a sua classificação jurídica. Ela se define como uma empresa de tecnologia que compartilha uma plataforma digital que conecta motoristas e passageiros a suas necessidades de mobilidade; porém em algumas cidades do mundo e determinados tribunais, esse entendimento vem mudando, passando a caracterizá-la como empresa de transporte (O GLOBO, 2017). Na cidade do Rio de Janeiro, foi criado um código fiscal tributário diferenciado para a empresa de número CNAE:7490/04. Nesse código a empresa está registrada como "agenciamento de transporte" (CONTABEIS,) que a favorece positivamente na forma que recolhe seu imposto como descrevemos a seguir de forma bem simples.

O modelo de negócio da UBER detém 25% do valor total do serviço prestado, que representa sua taxa de cobrança e manutenção da plataforma. Portanto, a cada R$100,00 de corrida vendida, R$25,00 é da UBER e R$75,00 é do motorista, valor que lhe é repassado semanalmente. Acontece que contabilmente, a alíquota de imposto de 5% de ISS, beneficiada por esse código tributário, incide apenas sobre o valor obtido pela intermediação do negócio, os R$25,00; o que representa uma arrecadação fiscal real de R$1,25 ficando os R$75,00 restante da parte do motorista sem qualquer pagamento de imposto, caracterizando renúncia fiscal e uma grande margem de manobra contábil, uma vez que a empresa manipula 100% do valor antes de repassar os 75%. Em um de seus artigos, o Procurador Rodrigo Carelli condena a prática de percentual de cobrança por intermediação de negócios por aplicativo por entender existência clara de sonegação (CARELLI, 2019). Na outra ponta da regulamentação, foi criado um código disciplinar municipal para os motoristas por aplicativos, semelhante ao já existente para os táxis, seguindo as regras federais (EXTRA, 2019), algo classificado por alguns juristas como intromissão do poder público na atividade privada, portanto não aceito; seria outra questão para análise jurídica posterior.

Para tentar equalizar esse jogo de disputa entre Taxistas e Uberistas na cidade do Rio, o poder Executivo na figura do Prefeito Marcelo Crivella, investe e faz uma aposta pesada na criação de duas políticas públicas. A primeira delas foi o lançamento do aplicativo de táxi batizado de TAXI.RIO (G1, 2017b); a segunda política foi intensificar a distribuição de novas autonomias para os taxistas auxiliares.

O TAXI.RIO trata-se de um aplicativo de chamada de táxi que contém todos os profissionais taxistas devidamente credenciados e em dia com suas obrigações legais junto ao poder público. Foi pensado na gestão Eduardo Paes, mas não saiu do papel. É um projeto desenvolvido pela empresa pública municipal IPLANRIO que concentra todos os recursos de tecnologia da informação e comunicação da cidade do Rio de Janeiro. Através dele, o passageiro usuário de táxi, goza de benefícios de descontos progressivos escalonáveis sobre demanda, que variam de 10% a 40% na corrida solicitada. O usuário do aplicativo consegue ver em tempo real a quantidade de carros disponíveis num raio determinado de distância ao seu redor e obter uma estimativa aproximada de tempo e custo do serviço, de acordo com origem e destino da viagem. Os passageiros também podem avaliar, fazer reclamações dos taxistas diretamente no App e escolher sua forma de pagamento. Outro recurso muito importante no aplicativo é a possibilidade de comunicação direta do taxista com órgãos específicos de controle de trânsito e manutenção da cidade, podendo informar locais de acidentes, alagamentos, obstruções na via, buracos e sinalização defeituosa; tudo em tempo real via GPS. A tecnologia também permite envio de SMS para toda população carioca alertando sobre a iminência de calamidades públicas. Um plano piloto de disponibilização de wifi gratuito em toda frota de táxi está em andamento (PREFEITURA RIO, 2019c). Na área da saúde, um novo projeto em conjunto entre a Secretaria Municipal de Saúde e a IPLANRIO, previsto pelo Decreto 45716/19, regulamenta o uso corporativo da plataforma TAXI.RIO para o transporte exclusivo de pacientes portadores de doenças crônicas que necessitam de tratamento específico e contínuos na rede pública de saúde. O mesmo decreto aplica-se aos funcionários municipais que necessitam de deslocamentos a trabalho. Com essa medida, a Prefeitura acabará com os contratos de empresas de locação e transporte privado veicular, projetando uma economia de R$30 milhões por ano, no desconto médio de 20% por corrida no modo corporativo do App (PREFEITURA RIO, 2019b). Os números do TAXI.RIO são animadores. Em quase dois anos de existência já são 9.655.141 corridas realizadas, 15048 táxis ativos, 582650 passageiros cadastrados e mais de R $174 milhões em receita de corridas, o que prova ser o programa uma política pública eficiente. Todos os dados são disponibilizados no site do App (PREFEITURA RIO,)

Outro ato político do Prefeito Marcelo Crivella para conter os protestos dos taxistas e dar a garantia necessária que o táxi não iria acabar na cidade, foi o Decreto 43256/17 que tombou o táxi e suas características como patrimônio cultural carioca (PREFEITURA MUNICIPAL, 2017). O projeto Taxi.Rio foi tão bem aceito, que a cidade de São Paulo importou a tecnologia para implantar na cidade (FOLHA DO MOTORISTA)

	PMRJ	CMRJ
Lançamento do aplicativo Táxi.Rio data 29/05/17	Crivella lança o aplicativo dos Táxis como política pública da Prefeitura	
Decreto 43256 tombamento do táxi data 31/05/17	Crivella tomba o Táxi e suas característica como patrimônio imaterial da cidade	
Decreto 44399/18 regulamentação da UBER data 11/04/18	Crivella regulamenta a UBER seguindo diretriz da lei federal 13640	
Debate Público na Câmara dos Vereadores data 13/11/18		Tema: Precarização do trabalho e aplicativos. Organizado pelo Vereador Brizola Neto
1a audiência pública dos aplicativos data 06/12/18		organizado pela commissão de transportes, Vereador Alexandre Isquierdo. Nenhum representante dos aplicativos apareceu.
2a audiência pública para apresentar estudo da COPPE - UFRJ data 30/08/19		organizado pela commissão de transportes, Vereador Alexandre Isquierdo. Nenhum representante dos aplicativos apareceu
PLC 078 datas 10/10/19 e 15/10/19 projeto de Lei para substituir o decreto que regulamenta UBER	Crivella atua na base aliada pra não votar lei. Lobby UBER	Vereador Presidente Jorge Felippe tenta colocar lei que regulamenta UBER para votação e não consegue

Figura 9 – Processo inicial de regulamentação e implantação da política pública TAXI.RIO.
Fonte: Autoria própria

.

Mas nem tudo é comemoração! O projeto TAXI.RIO gerou descontentamentos em algumas associações e cooperativas de táxis que viram a queda do número de corridas feitas por clientes pessoas físicas, alterando seus faturamentos, obrigando-as a focarem cada vez mais em contratos de pessoas jurídicas. As velhas cooperativas que revolucionaram o táxi no passado, mudaram seu modelo de negócio investindo em aplicativos próprios; pagaram por isso a empresas privadas, que também tiveram seu espaço de negócio mitigado com o sucesso do TAXI.RIO. Até as grandes empresas de aplicativos se incomodaram; uma delas chegou a protocolar uma representação de Nº296/18 no CONAR (Conselho Nacional de Autorregulamentação Publicitária) contra o modelo de propaganda e divulgação do TAXI.RIO, no qual foi vinculado que "Só o aplicativo da Prefeitura dava a segurança ao usuário para usar". Este processo consta na página 68 do acórdão de Março de 2019, publicado em Agosto de 2019 no boletim do CONAR que obrigou a alteração da campanha publicitária da Prefeitura arquivando-se em seguida (CONAR, 2019).

Por fim, citaremos o programa de distribuição de novas autonomias aos taxistas auxiliares, que só se tornou viável após um longo trabalho de parceria entre o SIMEATAERJ (Sindicato Estadual dos Taxistas) e a Secretaria Municipal de Transportes na realização do recadastramento de todos os auxiliares registrados na base de dados da SMTR. Esse trabalho permitiu estabelecer os critérios previstos na Lei 159/15 para distribuir as autonomias cassadas, revogadas e descontinuadas. Até o mês de Novembro de 2019 o Prefeito Crivella distribuiu mais de 2130 autonomias se tornado após o ex-Prefeito Luiz Paulo Conde, o segundo a beneficiar taxistas auxiliares com o fim das diárias (PREFEITURA RIO, 2019a) Mesmo com essas realizações, Crivella não conseguiu aprovação de 100% dos taxistas e sua gestão foi questionada em outras áreas também. Só pra não passar em branco, vale como citação o direito dado ao táxi do Rio de circular nos corredores exclusivos do BRS e BRT (faltando regulamentação) tornando o trajeto mais rápido e com diferencial competitivo aos carros particulares, tornando-se também uma ótima política pública.

O último tópico que iremos analisar desse processo de legalização da UBER na cidade do Rio de Janeiro e seu conflito com os táxis, passa pela questão tributária. Já mencionamos acima a base de lucro da UBER na sua cobrança de 25% do serviço, pagando 5% de imposto sobre ela; enquanto as cooperativas de táxi pagam 2% de ISS sobre 100% do valor da corrida. Comparando as bases de ambos; de cada R$100,00 faturado a UBER paga R$1,25 e as

Cooperativas pagam R$2,00 o equivalente a 37,5% a mais que a UBER. Em uma reunião com o Secretário de Fazenda do Município, Sr. Cesar Augusto Barbiero, seu vice Sr. Manoel Jorge de Freixo e o Presidente da IPLANRIO, Sr. Júlio Urdangarin foi informado que a empresa UBER paga 1% adicional de taxa de polícia por preço público o que elevaria o valor do seu imposto para R$1,50 continuando, ainda assim, mais barato que o táxi. A grande questão que envolve tudo isso é que as empresas de aplicativos que não possuem sede no Rio de Janeiro, como por exemplo a 99 e a Cabify, não pagam absolutamente nada de imposto na cidade e os motoristas parceiros da UBER e Taxistas autônomos nada pagam de ISS também. Por já existir uma decisão no STJ que não deve incidir ISS sobre as cooperativas de táxi, esse tema ainda terá muito debate pela frente; por não estar pacificado no judiciário, cabendo recurso (EITAXI, 2019). De forma não muito explícita, ficou subentendido que há uma certa omissão da Procuradoria do Município do Rio diante dessa questão tributária e no que se refere a Lei Complementar 157 que trata da questão de omissão e isenção do poder público na captação de impostos, e atos de improbidade administrativa (PLANALTO, 2016).

É neste contexto político fiscal e tributário que foi protocolado em Fevereiro de 2020 na Câmara dos Vereadores, pelo Vereador Leonel Brizola Neto, a instauração da CPI da UBER que , por ser um assunto muito atual e corrente, foi interrompido pela pandemia do Covid 19, (O GLOBO, 2019c) retornando somente no mês de Setembro de 2020 numa audiência virtual no dia 18, na qual foi registrada em Ata, a ausência de todas as empresas de aplicativos de transporte, da Secretaria de Finanças do município do Rio bem como o não envio dos documentos solicitados pela comissão que investiga possíveis sonegações fiscais e corrupção. Após essa reunião, a comissão não mais se reuniu em função do período eleitoral, o qual levou a não reeleição do Presidente da CPI Brizola Neto, que mesmo sem se reeleger, conseguiu relevantes documentos e dados que necessitavam de nova audiência com os Vereadores Dr. Marcos Paulo, Vera Lins, Átila Nunes e Luiz Carlos

Ramos Filho para votarem relatório e assinar ata; o que não foi conseguido.

Finalizamos este capítulo, descrevendo como está a real situação da UBER no Rio até o presente momento. Embora exista muita controvérsia entre parte dos taxistas, de não aceitarem a legalidade da UBER por ferir a lei federal 12468 que dá a exclusividade do serviço a uma profissão regulamentada, bem como o descumprimento do código de trânsito brasileiro e suas normas, a empresa possui no mínimo quatro amparos legais: A lei federal 13640 que reconhece o motorista por aplicativo; uma decisão favorável de constitucionalidade no STF; o decreto municipal que regulamenta a atividade na cidade, uma liminar que proíbe fiscalização por falta de regulamentação, o direito constitucional previsto na atividade da livre iniciativa e por fim, uma CPI de impostos que foi habilmente boicotada na Câmara com chances de ser enterrada na nova legislatura de 2021, caso nenhum parlamentar retome o trabalho iniciado por Brizola Neto.

5 CONCLUSÃO

Após nossa longa jornada de pesquisas e análises, podemos chegar a algumas conclusões que compõem o espectro da formação, influência e atuação do pensamento neoliberal representado no modelo UBER e sua ação no Estado, no mundo do trabalho, na sociedade, utilizando-se da tecnologia a serviço do capital, que foi pensada e implantada de forma coordenada em várias partes do mundo simultaneamente. Esse fato por si só, já denota uma ação pensada e gestada no novo cenário econômico mundial após a crise de 2008. A grande necessidade de controle do capital, o aumento da sua concentração de poder político e econômico em períodos de crise, transformaram a tecnologia digital com seu poder de intermediação de negócios e serviços; na nova revolução industrial do século XXI. O grande interesse de fundos financeiros internacionais, aliados a bancos, para dominarem esse setor, nos dá a certeza que o poder e toda forma de controle nele implícito, se tornará digital. Em outras palavras, quem dominar a tecnologia digital estará dominando o poder político e sua capacidade de impor novas regras na sociedade, que podem solidificar ou alterar valores, crenças e comportamentos que norteiam nosso habitus e tradições.

O maior exemplo que podemos ilustrar, de forma comparada com a geopolítica atual, é a guerra tecnológica, política e econômica entre EUA e China, pela qual os EUA dominam os softwares e redes sociais (Facebook, Youtube, Google, UBER, Spotify, Amazon, WhatsApp, Twitter, Instagram) aliados ao ícone americano, iPhone. A China domina a mais nova tecnologia 5G (com 6G avançado) de comunicação, com seus equipamentos e hardwares para redes, celulares, antenas, satélites, transmissores e computadores (EXAME, 2019a), apoiados pela gigante Huawei (fábrica dos ítens mencionados) e as empresas de softwares (Tencent, YouKu, Baidu, DIDI, QQ, Alibaba, WeChat) Curioso disso é afirmação americana da possibilidade de espionagem chinesa com seus equipamentos de alta tecnologia, como se eles americanos, não o fizessem de forma inversa com seus sistemas; não há garantias para isso, vide o caso NSA Edward Snowden e Wikileaks Julian Assange. É guerra híbrida na veia! E se dará em vários outros campos, principalmente na biotecnologia; o que está em jogo é a manutenção de uma hegemonia imperialista diante da multipolaridade mundial.

No segmento dos aplicativos, UBER (EUA) e 99/Didi (China) disputam o mercado da mobilidade mundial. Essa será a tendência em todas as áreas de vendas e serviços, os quais serão totalmente digitalizados e capturados pela ideia da financeirização, precarização do trabalho e aumento do poder político econômico.

A base de nossa conclusão está contida na observação da atuação da UBER no Brasil, principalmente no Rio de Janeiro. O primeiro ponto favorável à implantação da UBER no Brasil, além do favorecimento da agenda esportiva dos jogos, foi a existência de uma categoria taxista e sua atividade laboral, totalmente desorganizada como classe. Os taxistas foram vítimas da sua letargia, da sua auto sabotagem e desconfiança, aliados a total falta de consciência e pertencimento de classe; uma característica peculiar do neoliberalismo que é, destruir e pulverizar o conceito coletivo, subordinando individualmente todos ao interesse do capital internacional atraídos pela ideia do empreendedorismo.

A falta de uma liderança no táxi, que goze de crédito e confiança da categoria, acompanhada de uma instituição representativa a altura das necessidades da classe, com projeto crível, factível de realização, somado a falta de profissionalização coletiva dos taxistas, fruto da construção de um processo histórico cultural isolacionista, individualista, variando de pequenos grupos desconexos, disputas internas de cooperados e não cooperados, os que têm ponto e os que não tem ponto, os que vivem do táxi e os que fazem dele complemento de renda, os que moram na cidade e os que não moram, a falta de um conselho profissional legítimo, mais a burocracia excessiva do Estado e sua corrosão institucional; foram fatores preponderantes e responsáveis pela aparente derrota dos taxistas no Rio de Janeiro, desfigurando sua identidade contra a UBER e seu poder econômico.

Fato totalmente adverso e contrário, ao ocorrido com o movimento social vitorioso no ano de 2000, o Diarias Nunca Mais. Apesar de terem ocorridos em épocas diferentes e condições distintas, compará-los é a única forma de análise possível do processo de ataque frontal à organização coletiva de trabalhadores, sua representatividade legal, a ação direta do poder político e econômico, com a reação dos trabalhadores e o resultado obtido nos dois momentos. Todo vagão é puxado por uma locomotiva; fugir dessa lógica requer uma organização anárquica a qual a categoria não está preparada para executar. Por isso, a continuidade de apego ao ente público municipal mantendo-se a estrutura original. Não por acaso, a mesma entidade sindical que lutou contra a conquista dos auxiliares em 2000 atuando com ações no judiciário, não atuou judicialmente contra a UBER, o que nos demonstra de forma velada, ineficácia sindical e falência do modelo, sintoma claro da influência do pensamento neoliberal na aniquilação de lideranças e no sufocamento da construção do pensamento coletivo e da organização institucional; tornando real a interação do imaginário de luta virtual individual, num ativismo eletrônico limitado a grupos e coletivos de Whatsapp, sem nenhum resultado prático transformador para a classe. Resgatar e repensar o papel sindical contra esse modelo, passa invariavelmente pela ampliação da transparência da gestão sindical, sua resignificação, da inclusão de todos e o fortalecimento do processo democrático representativo com consciência renovada.

Na contrapartida, o mesmo STF que julgou na sua última instância, favoravelmente aos trabalhadores taxistas auxiliares no ano de 2000, julgou pró mercado empresarial e pró capital no ano de 2019, reforçando nossa tese aqui proposta. Na mesma lógica do

STF, o TST julgou em 11/09/20 que não há vínculo empregatício entre motorista de aplicativo e UBER, ratificando o novo modelo exploratório do trabalho que se inicia e se consolida no Brasil (CONJUR 11/09/20)

Percebemos também que, a omissão ou conivência do Estado representado na Prefeitura, no que tange a permissibilidade da exploração da mão de obra do taxista auxiliar no passado, se reproduz na legitimação da UBER, de forma renovada e ampliada dessa exploração conforme analisamos. Vai agindo na modificação de habitus, quebrando via tecnologia alguns paradigmas históricos do táxi. Por exemplo: o dedo que chamava um táxi na rua foi substituído pelo celular; o GPS eliminou a ideia de ponto fixo, qualquer lugar é um ponto acessível de ser chamado, afetando geograficamente os pontos públicos de táxi. Os títulos das cooperativas despencaram de preço, seus nomes foram substituídos por uma marca global com estrutura empresarial e acionistas; sucumbindo o nome histórico táxi, inexplorado comercialmente, por divisões e despreparo da categoria. A figura do "valchero" (pessoa que troca fatura de serviço com deságio) passou a ter a concorrência direta do financiamento do App e novos meios eletrônicos de recebimento. As vendas de vagas em pontos se tornaram desinteressantes em alguns locais da cidade e os valores das autonomias de táxi desabaram. Ao auxiliar de táxi que pagava diária, tornou-se caro o trabalho, por não conseguir honrar seus compromissos diante da competição desigual. Muitos migraram para UBER ampliando a canibalização do setor e enfraquecendo a luta por coesão e união, algo raramente visto na classe, exceto em 2000 no DNM. Uma vitória dos trabalhadores levou posteriormente o Município do Rio a criar um código disciplinar com artigos intimidando o direito de protesto do taxista, ampliando punições e multas.

O segundo ponto é a ação direta do capital internacional sob o capital nacional, mudando a lógica de valor do capital circulante no meio observado. Os tentáculos do poder financeiro visa através da tecnologia, apropriar-se do valor do trabalho contido na base da pirâmide social que atua na mobilidade urbana, precarizando toda mão de obra nela contida, servindo como modelo e laboratório para ação em toda área de trabalho privado e outros setores pertinentes ao Estado como: educação, saneamento, saúde, manutenção, espaço público e segurança, incluindo se necessário for, mudanças de hábitos e cultura, mesmo que a força.

A estratégia é fomentar a concorrência entre os que se encontram na base dessa pirâmide, criando dumping social e econômico, provocando quebra de preços, de monopólios, facilitando a posterior concentração de renda e poder, criando novos monopólios financeiro de controle, feito de forma digital criado por uma concorrência direta e desleal. Destacamos como a UBER fomenta até entre eles disputas; criando modais diferentes na mesma plataforma (Black x Confort x Juntos e X) ampliando a ideia da economia do compartilhamento e diversificação como benefício ao consumidor, que pode importar locomoção a um click.

Nesse modelo, os donos do capital se desintegram na tecnologia, tudo é o sistema! Não há mais gerentes nem supervisores; só o sistema! Tudo nele é parametrizável e formatado a seguir regras sem quebrá-las, limitando cada vez mais a ação humana interrompendo o ciclo do "jeitinho brasileiro" (prática do favor pessoal que quebra regras). A empresa também aplica conceitos neoliberais tecnológicos como: Capitalismo emocional, pelo qual premia os melhores e mais produtivos em disputa; faz leilão de serviços e mão de obra, dominando a precificação do serviço e precarizando ainda mais o trabalho; cria games para estudo de comportamentos psicológicos para melhor monitoramento dos desejos de seus usuários, ao ponto de capturá-los sentimentalmente no pertencimento e orgulho de trabalhar para uma grande multinacional. Implanta a economia do "bico", pela qual ninguém é dono de ninguém e todos são servis ao mercado; sem patrão e sem direitos, só acesso e direito de uso da plataforma, que ao menor deslize, pode ser banido dela.

A ideia da concorrência e do livre mercado, na disputa entre público e privado nessa guerra entre taxistas e uberistas, gerou também concorrência entre os passageiros. Aquele usuário que pede uma corrida com desconto e pagamento no cartão, pode não ser atendido se outro passageiro fizer sinal na rua para o mesmo táxi, disposto a pagar o serviço à vista em dinheiro. O mesmo direito de escolha dado ao passageiro, passa a ser também, direito de escolha do prestador do serviço. Até mesmo os motoristas Uber, fazem clientes particulares fora da plataforma para não pagar a taxa de 25%. O cancelamento da corrida com desconto via aplicativo, estaria de acordo com a ética moral proposta pelo regime liberal da livre iniciativa que visa lucro e busca diminuir a influência do Estado. Estamos diante de um confronto ético econômico e moral político, do indivíduo, que contribui significamente com a fragilização desse modelo. A foto a seguir, representa muito bem o modelo concorrencial implantado pela UBER no mercado da mobilidade urbana contra os táxis, ratificado pelo STF, denotando nitidamente um modelo injusto de competição entre os modais. Essa será a lógica dominante de concentração financeira, política e tecnológica desse mundo digitalizado. Independente da sua área de trabalho, prepare-se para a chegada da sua vez; o modelo e a lógica operacional serão praticamente o mesmo.

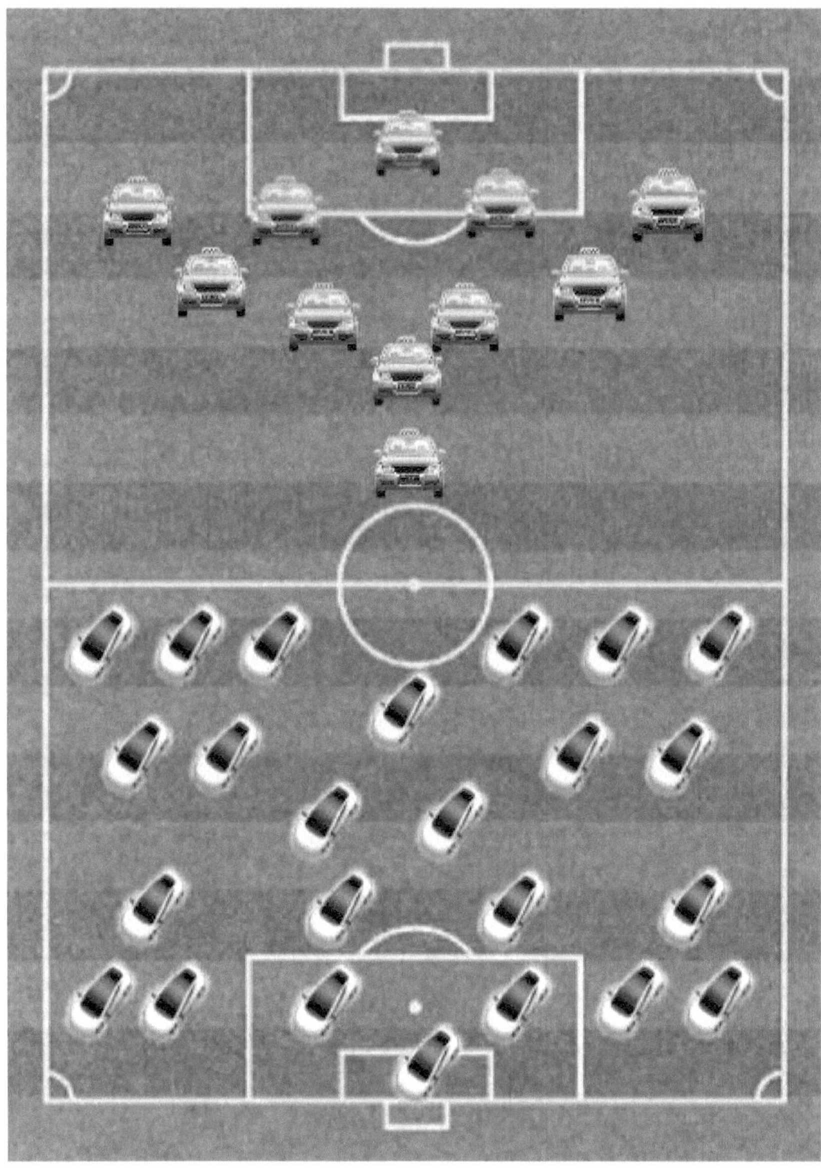

Figura 10 - A competição desleal Fonte: autoria própria.

O terceiro ponto concluso, está na participação efetiva do Estado e da iniciativa privada na criação e fomento de eventos ou agendas de massa que criem, noticiem, carências e necessidade de serviços públicos ou produtos, para justificar a demanda de entrada e permanência no mercado, seja ele qual for, das empresas de tecnologia ou não, ligadas a grandes grupos econômicos, interessados em gerir indiretamente as finanças do Estado, por sua alta capacidade de arrecadação, inclusive por antecipação de receita fiscal e planos de gastos previstos no orçamento público.

É pela articulação política, jurídica e econômica que se desenvolve a entrada desse modelo, sua manutenção e operacionalidade na política, compondo uma nova forma de dominação mundial, na qual podemos imaginar futuramente o surgimento dos governos digitais e as cidades inteligentes, onde tudo será controlado por um grande "big brother", principalmente na aplicação direta da Teoria da Dependência aos países periféricos que serão reféns da tecnologia, uma vez que a vida digital de governos, pessoas e empresas, estará nas mãos dos detentores da tecnologia e da informação, presentes no domínio e no controle de hardware e software, áreas que somos totalmente dependentes. Podemos incluir nesse pensamento a recente pandemia da COVID-19 que paralisou o mundo, forçando a todos a ficarem em casa e trabalharem remotamente, tornando todos reféns do uso da tecnologia de videoconferência, dos aplicativos de entrega, das lojas de comércio eletrônico e serviços públicos digitalizados. O fato social causado pela pandemia irá denotar uma reconfiguração total no mundo do trabalho e dos negócios. Haja visto que muitas experiências foram feitas neste período de forma forçada, e devido ao aumento de produtividade e redução de custos em muitos setores da economia, essa tendência do trabalho remoto deverá se solidificar e ampliar nos próximos anos. De forma análoga às necessidades geradas na mobilidade, o modelo se replica nas necessidades e desdobramentos gerados no mundo pós Covid-19 que criará aceitação em massa, nas mudanças vindouras.

O modelo aplicado a mobilidade, inaugura uma nova forma de colonização dos países periféricos, onde os trabalhadores desqualificados, ofertam seu trabalho com mão de obra barata e farta, desqualificando ainda mais o valor do trabalho que passa ser intermediado, cobrado, expropriado e controlado pela tecnologia digital contida nos aplicativos. Segundo Virgínia Fontes, a ausência do Estado na regulação do trabalho, amplia a massa de desempregados subordinando-os diretamente ao capital. O desemprego passou para a normalidade diante do nascer conceitual do empreendedorismo. O resultado do processo de trabalho perde sentido ao trabalhador, uma vez que ele está integrado num grande sistema coletivo global, o qual não se sabe nem quem é o patrão! que pode ser, centenas de acionistas, ou o pior deles, o sistema! mecanismo pelo qual Marx sempre nos alerta, desde a produção industrial concorridas por peças, que hoje se transforma na produção por serviços e bits, extraindo mais valor do trabalho via tecnologia, aumentando a lucratividade por cada tarefa realizada, uma vez que o processo tecnológico irá transferir custos ao trabalhador e ao cidadão, ampliando o controle operacional e acumulação de capital dos detentores do poder econômico, político e tecnológico. Como exemplo, observem a revolução que ocorre no mercado bancário com o novo sistema PIX do Banco Central e a ideia de implantação da moeda digital. Até quando teremos caixas eletrônicos e carros fortes? No médio prazo não serão mais necessários, tudo estará nos smartphones.

Por esse mesmo Estado, a elaboração de uma grande agenda de governo e poder, está demonstrado no nosso estudo uma vez que, o poder judiciário, parte integrante do Estado, cada vez mais atua como um grande ator coligado a agenda econômica, tornando a "Juristocracia" um fenômeno político atual pelo qual os demais poderes, embora independentes, orbitam numa triangulação casada, tornando a agenda política parte integrante da agenda jurídica, que por sua vez estão atrelados aos interesses corporativos dos grandes grupos econômicos e suas formas de dominação e controle. Como prova dessa influência externa do capital ao Estado, exemplificamos que o início da operação da UBER no Rio de Janeiro se deu através de uma liminar judicial que proporcionou de forma desigual a competição entre taxistas e uberistas. Tal decisão afetou economicamente milhares de taxistas que não conseguiram mais manter o padrão de vida que tinham, honrar seus compromissos e pagar o financiamento de seus veículos, incorrendo em ações impetradas pelas financeiras; beneficiadas pelo mesmo poder judiciário que concede mandado de busca e apreensão dos veículos inadimplentes. Vários casos de infarto fulminante, depressões, separações familiares e até suicídios ocorreram. Nada mais que um caos promovido dentro da ordem jurídica, desprovido de dano social, à serviço do capital e dos interesses internacionais.

De forma análoga, esse modelo de poder da UBER se reflete no poder executivo no patrocínio de eventos culturais, esportivos, turísticos e quaisquer outros que demandem por mobilidade, os quais possibilitem a exposição da sua marca, expansão de mercado e ganhos de benefícios fiscais. No campo legislativo, o modelo se fortifica na ação da empresa na base eleitoral dos políticos, oferecendo serviços, patrocinando ação social, financiando campanhas e agindo com forte lobby político e jurídico nos bastidores do poder, para que leis contrárias aos seus interesses não sejam votadas. Caso aconteça algo que contrarie seus projetos, não medem esforços para atuarem no judiciário e comprarem espaços nas mídias sociais, TVs, rádios e jornais, que construam narrativas favoráveis a ela, impondo mais uma vez o valor da predominância econômica, na qual, muitas das vezes, a verdade é omitida e a manipulação da opinião é operada.

Diante dessa estrutura, a massa trabalhadora desqualificada e sem representação, se torna refém da burocracia Estatal e dos mecanismos políticos, que em tese são feitos de forma morosa e proposital, com múltiplos recursos legislativos e jurídicos, de modo a possibilitar usarem a massa na máquina eleitoral a cada quatro anos, procrastinado sempre que possível e aceitável, as causas que interferem nos grandes interesses políticos e econômicos, em troca do voto. Aceitar pacificamente esse modelo é desconhecer o poder e a força da massa!, que quando organizada e liderada para lutar por seus direitos, é infiltrada por agentes "vendidos ao sistema" para sabotarem seu crescimento, em troca de favores muitas vezes de cunho pessoal ou a pequenos grupos, que prejudicam o todo e sabotam todo sentimento coletivo.

Mas nem tudo é vitória! Recentemente a UBER vem colecionando algumas decisões não favoráveis ao seu modelo de negócio pelo mundo. Entre elas destacamos: Decisão de pagamento de encargos na Suíça (SWISSINFO, 2019); a perda da licença de operação em Londres (G1, 2019d); a culpabilidade no acidente do carro autônomo (OLHAR DIGITAL, 2019); as discussões acaloradas de vínculo trabalhista de motoristas (ECONOMIA UOL, 2019); fuga de investidores (MONEY TIMES, 2019); e a atual desconfiança operacional contábil financeira, com procrastinação de lucro aos investidores e operação prolongada de prejuízos (ÉPOCA NEGÓCIOS, 2019).

Compreender esse fenômeno tecnológico e suas variantes de poder, será o grande desafio do século XXI. Àqueles que conseguirem dominá-la e souberem lidar com as informações e seus dados, serão privilegiados nesse novo sistema e já saem na frente com grande diferencial competitivo.

Finalizo citando como exemplo a campanha eleitoral vitoriosa do Presidente Donald Trump, realizada pela empresa Cambrigde Analitica comandada por Steve Bannon; o mesmo que orientou a campanha presidencial de Jair Bolsonaro (ESTADÃO, 2019). Por essa análise do resultado, na grande influência das redes sociais em nossas vidas, consequente ao jogo político contido nela, nos alerta que precisamos considerar todas as variantes possíveis nessa partida virtual que inexoravelmente irá nos excluir do processo decisório, caso nos omitirmos a ela.

Como exemplo prático da interação do Estado com a tecnologia, e o claro propósito de intervir e controlar a sociedade por meio dela, chamamos atenção especial para projetos de lei que tramitam no governo brasileiro atual, os quais pretendem vincular o CPF nas mídias sociais para legitimar o monitoramento do cidadão e a classificação de terrorismo, os excesso nas manifestações sociais de rua. Em outro decreto presidencial já publicado, está obrigando a criação do cadastro nacional de dados biológicos, biométricos e biográficos de todo cidadão brasileiro (DUPLO EX-

PRESSO, 2019). Sistemas avançados de reconhecimento facial a distância, leitura da íris e diagnóstico de DNA estão cada vez mais sofisticados com intuito de controle social. Portanto, não é nenhum absurdo imaginarmos que as empresas tecnológicas ou qualquer outro serviço digital, possam servir como um grande Big Data de controle político, jurídico, econômico e comportamental do nosso país, e ser moeda de troca de interesses mútuos entre Capital e Estado, excluindo os nossos desejos e necessidades.

Em nome da segurança e do avanço tecnológico, aplicativos, celulares e câmeras vão dominar e controlar nossas vidas, seja via App bancário, de transporte, de telefonia por vídeo chamada, de governo e de toda empresa que obrigatoriamente estará na internet por questão de sobrevivência no mundo moderno. Este é um fenômeno que deve receber cada vez mais atenção do mundo político, da sociedade organizada e principalmente da academia, porque está em jogo a nossa pseudo liberdade, vigiada por algoritmos inteligentes contidos em aplicativos de celulares e sistemas operacionais, criando uma nova engenharia social de controle de costumes e comportamentos da humanidade que, submetidos a fatores externos fora do nosso alcance, incluem ou excluem nossa identidade real e ciberativismo cidadão; transformados no @EuDigital, ... individual ou coletivo, que refletem sistematicamente de forma macro, em vários segmentos da sociedade, o estudo de caso aqui proposto; chamando a todos a um alerta global.

REFERÊNCIAS

AGORA NOTÍCIAS BRASIL. *Taxistas organizam carreata de protesto e seguem em direção ao centro*. 2019. Disponível em: <https://www.agoranoticiasbrasil.com.br/ taxistas-organizam-carreata-de-protesto-e-seguem-em-direcao-ao-centro/>. Acesso em: 14 nov. 2019. Citado na página 42.

BAND. *Prestes a enfrentar embate no Senado, Uber faz proposta de R $10 milhões para patrocinar Carnaval do Rio*. 2017. Disponível em: <https://setor1.band.uol.com.br/ uber-faz-proposta-de-r-10-milhoes-para-patrocinar-carnaval-do-rio/>. Acesso em: 02 nov. 2019. Citado na página 39.

CADE. *Superintendência do Cade conclui investigação no mercado de aplicativo de transporte individual de passageiros*. 2017. Disponível em: <http://bit.ly/35EyQo3>. Acesso em: 17 nov. 2019. Citado na página 31.

CAMARARJ. *Parlamentares debatem estudo da COPPE/UFRJ sobre transporte por aplicativos*. 2019. Disponível em: <http:// www.camara.rj.gov.br/noticias_avisos_detalhes.php? m1= comunicacao&m2=notavisos&id_noticia=14728>. Acesso em: 14 nov. 2019. Citado na página 42.

CARELLI. *Uberização do trabalho: subsunção real da viração – Ludmila Costhek Abílio – artigo de outros autores*. 2017. Disponível em: <http://bit.ly/35KQhn4>. Acesso em: 16 nov. 2019. Citado na página 35.

CARELLI. *Plataformas digitais não podem cobrar percentual de trabalhadores intermediados*. 2019. Disponível em: <https:// rodrigocarelli.org/2019/07/16/ plataformas-digitais-nao-

podem-cobrar-percentual-de-trabalhadores-intermediados-artigo/>. Acesso em: 16 nov. 2019. Citado na página 43.

CFM. *Telemedicina: CFM regulamenta atendimentos online no Brasil.* 2019. Disponível em:

<http://www.portal.cfm.org.br/index.php?option=com_content&view=article&id=28061>. Acesso em: 02 nov. 2019. Citado na página 35.

CONAR. *REPRESENTAÇÕES ABERTAS PELO CONAR DESDE A SUA FUNDAÇÃO DEMONSTRAM NA PRÁTICA O VALOR DA ÉTICA NA PUBLICIDADE BRASILEIRA*. 2019.

Disponível em: <http://www.conar.org.br/pdf/conar219.pdf>. Acesso em: 16 nov. 2019. Citado na página 45.

TST Nega existência de vínculo empregatício entre motorista e UBER 2020.

Disponível em: <http://www.conjur.com.br/2020-set-11/tst-nega-existencia-vinculo-empregaticio-entre-motorista-uber> Citado na página 50

CONSCIÊNCIA. *Rio de Janeiro: fraude nas eleições 2002*. 2003. Disponível em:

<http://www.consciencia.net/2003/12/12/rj-fraude.html>. Acesso em: 01 nov. 2019. Citado na página 23.

CONTÁBEIS. *"CNAE 7490-1/04 no Simples Nacional.* Disponível em: <https:

//www.contabeis.com.br/ferramentas/simples-nacional/7490104/>. Acesso em: 15 nov. 2019. Citado na página 43.

DUPLO EXPRESSO. *A estrutura da ditadura digital brasileira: "Patriot Act" Tabajara (ou*

"Novo AI-5"). 2019. Disponível em: <https://duploexpresso.com/?p=108268>. Acesso em: 11 dez. 2019. Citado na página 50.

ECONOMIA UOL. *Justiça diz que motorista da Uber é empregado e dá indenização de R$ 20 mil.* 2019. Disponível em: <https://economia.uol.com.br/noticias/redacao/2019/10/24/ uber-condenacao-verbas-trabalhistas-motorista-ceara.htm>. Acesso em: 24 nov. 2019. Citado na página

50.

EITAXI. *STJ reconhece a não incidência do ISS para cooperativa de taxistas.* 2019. Disponível em: <https://eitaxi.com.br/stj-reconhece-a-nao-incidencia-do-iss-para-cooperativa-de-taxistas/>. Acesso em: 16 nov. 2019. Citado na página 46.

ÉPOCA NEGÓCIOS. *Como o Uber sobrevive com prejuízo de US $ 1,2 bilhão e sem nunca ter dado lucro?* 2019. Disponível em: <https://epocanegocios.globo.com/Empresa/noticia/2019/11/como-o-uber-sobrevive-com-prejuizo-de-us-12-bilhao-e-sem-nunca-ter-dado-lucro.html>. Acesso em: 04 dez. 2019. Citado na página 50.

ESSAYIST. *A Maior Fraude Eleitoral no Brasil.* 2016. Disponível em: <http://mozaoensaista. blogspot.com/2016/05/a-maior-fraude-eleitoral-no-brasil.html>. Acesso em: 01 nov. 2019. Citado na página 23.

ESTADÃO. *Como a família Bolsonaro se aproximou de Steve Bannon.*

2019. Disponível em: <https://internacional.estadao.com.br/noticias/geral, como-familia-bolsonaro-se-aproximou-de-steve-bannon,70003008743>. Acesso em: 24 nov. 2019. Citado na página 50.

EXAME. *Guerra fria tecnológica entre EUA e China acentua temores em Wall Street.* 2019. Disponível em: <https://exame.abril.com.br/mercados/ guerra-fria-tecnologica-entre-eua-e-china-acentua-temores-em-wall-street/>. Acesso em: 24 nov. 2019. Citado na página 47.

EXAME. *Uber começa a vender passagens de trens e ônibus.* 2019. Disponível em:

<https://exame.abril.com.br/negocios/uber-comeca-a-vender-passagens-de-trens-e-onibus-2/>. Acesso em: 02 nov. 2019. Citado na página 36.

EXTRA. *Taxistas lotam galerias da Câmara do Rio em audiência sobre aplica-*

tivos tipo Uber. 2018. Disponível em: <https://extra.globo.com/noticias/extra-extra/ taxistas-lotam-galerias-da-camara-do-rio-em-audiencia-sobre-aplicativos-tipo-

uber-23284937. html>. Acesso em: 14 nov. 2019. Citado na página 42.

EXTRA. *Crivella cria código disciplinar para aplicativos de transporte.* 2019. Disponível em: <https://extra.globo.com/noticias/economia/ crivella-cria-codigo-disciplinar-para-aplicativos-de-transporte-23915865.html>. Acesso em: 15 nov. 2019. Citado na página 43.

FOLHA DO MOTORISTA. *Prefeitura carioca exporta sistema taxi.rio para São Paulo.* Disponível em: <http://www.folhadomotorista.com.br/index.php/rio-de-janeiro-b/3220-prefeitura-carioca-exporta-sistema-taxi-rio-para-sao-paulo.html>. Acesso em: 16 nov. 2019. Citado na página 44.

FONTES, V. Capitalismo em tempos de uberização: do emprego ao trabalho. *Marx e o Marxismo-Revista do NIEP-Marx*, v. 5, n. 8, p. 45–67, 2017. Acesso em: 07 dez. 2019. Citado 2 vezes nas páginas 12 e 18.

G1. *Consórcio liderado pela japonesa Softbank compra fatia do Uber.* 2017. Disponível em: <https://g1.globo.com/economia/noticia/ consorcio-liderado-pela-japonesa-softbank-compra-fatia-do-uber.ghtml>. Acesso em: 17 nov. 2019. Citado na página 17.

G1. *Prefeitura do Rio lança aplicativo para táxis na cidade.* 2017. Disponível em: <https: //g1.globo.com/rio-de-janeiro/noticia/prefeitura-do-rio-lanca-aplicativo-para-taxis-na-cidade. ghtml>. Acesso em: 16 nov. 2019. Citado na página 44.

G1. *Motorista de Uber é condenado por estuprar passageira nos EUA.* 2019. Disponível em: <https://g1.globo.com/mundo/noticia/2019/08/16/ motorista-de-uber-e-condenado-por-estuprar-passageira-nos-eua.ghtml>. Acesso em: 01 nov. 2019. Citado na página 16.

G1. *Rio perde quase um quinto da frota de ônibus em um ano.* 2019. Disponível em: <https://g1. globo.com/rj/rio-de-janeiro/noticia/2019/06/03/rio-perde-15-mil-onibus-em-um-ano.ghtml>. Acesso em: 02 nov. 2019. Citado na página 36.

G1. *Uber divulga prejuízo de US$5 bi, sua maior perda para um trimestre.* 2019. Disponível em: <https://

g1.globo.com/economia/tecnologia/noticia/2019/08/08/uber-divulga-prejuizo-trimestral-de-u-5-bilhoes.ghtml>. Acesso em: 04 dez. 2019. Citado na página 29.

G1. *Uber perde licença para atuar em Londres*. 2019. Disponível em: <https://g1.globo.com/ mundo/noticia/2019/11/25/uber-perde-licenca-para-atuar-em-londres.ghtml>. Acesso em: 26 nov. 2019. Citado na página 50.

GAZETADOPOVO. *Hologramas serão os professores do futuro, prevê pesquisador*. 2016. Disponível em: <https://www.gazetadopovo.com.br/educacao/ hologramas-serao-os-professores-do-futuro-preve-pesquisador-0hm133vuckmd0c2df1xc7do21/ >. Acesso em: 02 nov. 2019. Citado na página 36.

IBGE. *Frota de Veículos na cidade do Rio de Janeiro*. 2018. Disponível em: <https: //cidades.ibge.gov.br/brasil/rj/rio-de-janeiro/pesquisa/22/28120>. Acesso em: 02 nov. 2019. Citado na página 36.

MACMAGAZINE UOL. *Serviço Uber chega ao Brasil (RJ e SP) e desperta a ira de taxistas*. 2014. Disponível em: <https://macmagazine.uol.com.br/post/2014/07/30/ servico-uber-chega-ao-brasil-rj-e-sp-e-desperta-a-ira-de-taxistas/>. Acesso em: 16 nov. 2019. Citado na página 15.

MONEY TIMES. *Uber e Lyft: Investidores começam a pular fora*. 2019. Disponível em: <https://moneytimes.com.br/uber-e-lyft-investidores-comecam-a-pular-fora/>. Acesso em: 24 nov. 2019. Citado na página 50.

O DIA. *Em dia de protesto, Câmara adia votação de PL que limita transporte de aplicativo*. 2019. Disponível em: <https://odia.ig.com.br/rio-de-janeiro/2019/10/ 5811283-em-dia-de-protesto--camara-adia-votacao-de-pl-que-limita-transporte-de-aplicativo.html#foto=1>. Acesso em: 14 nov. 2019. Citado na página 43.

O GLOBO. *União Europeia decide que Uber é um serviço de transporte e pode ser regulamentado*. 2017. Disponível em: <https://

oglobo.globo.com/economia/ uniao-europeia-decide-que-uber-um-servico-de-transporte-pode-ser-regulamentado-22214083>. Acesso em: 15 nov. 2019. Citado na página 43.

O GLOBO. *Crivella regulamenta Uber e outros aplicativos de transportes*. 2018. Disponível em: <https://oglobo.globo.com/rio/ crivella-regulamenta-uber-outros-aplicativos-de-transportes-22582614>. Acesso em: 02 dez. 2019. Citado na página 41.

O GLOBO. *Em apenas três anos, dez empresas de ônibus fecham no Rio*. 2018. Disponível em: <https://oglobo.globo.com/rio/ em-apenas-tres-anos-dez-empresas-de-onibus-fecham-no-rio-22707411>. Acesso em: 02 nov. 2019. Citado na página 36.

O GLOBO. *Delator relata propina ao presidente da Câmara do Rio para brecar CPI*. 2019. Disponível em: <https://oglobo.globo.com/rio/ delator-relata-propina-ao-presidente-da-camara-do-rio-para-brecar-cpi-24092237>. Acesso em: 10 dez. 2019. Citado na página 38.

O GLOBO. *Prisão de perito que favorecia Fetranspor abre as portas para investigar corrupção no Judiciário, diz Lava-Jato*. 2019. Disponível em: <https://oglobo.globo.com/ rio/prisao-de-perito-que-favorecia-fetranspor-abre-as-portas-para-investigar-corrupcao-no\ -judiciario-diz-lava-jato-24119359>. Acesso em: 10 dez. 2019. Citado na página 38.

O GLOBO. *Vereador quer reunir assinaturas para abrir CPI que investigue o contrato da Transolímpica*. 2019. Disponível em: <https://oglobo.globo.com/rio/ vereador-quer-reunir-assinaturas-para-abrir-cpi-que-investigue-contrato-da-transolimpica\ -24062909>. Acesso em: 05 nov. 2019. Citado na página 46.

OLHAR DIGITAL. *Uber é considerada culpada por morte causada por carro*

autônomo da empresa. 2019. Disponível em: <https://olhardigital.com.br/noticia/ uber-e-considerada-culpada-por-morte-causada-por-carro-autonomo-da-empresa/93194>. Acesso em: 24 nov. 2019. Citado na página 50.

PLANALTO. *LEI COMPLEMENTAR Nº 157*. 2016. Disponível em: <http://www.planalto.gov. br/ccivil_03/leis/lcp/ Lcp157.htm>. Acesso em: 16 nov. 2019. Citado na página 46.

PLANALTO. *Lei nº 13.640 - Planalto.* 2018. Disponível em: <http://www.planalto.gov.br/ ccivil_03/_ato2015-2018/2018/ lei/l13640.htm>. Acesso em: 02 nov. 2019. Citado na página 31.

PODER360. *CEO da Uber tem reunião com Meirelles em dia de votação no Senado.* 2017. Disponível em: <https:// www.poder360.com.br/governo/ ceo-da-uber-tem-reuniao-com-meirelles-em-dia-de-votacao-no-senado/>. Acesso em: 02 nov. 2019. Citado na página 30.

PODER360. *Plano era bater no CEO, diz taxista que agrediu diretor da Uber no Senado.* 2017. Disponível em: <https:// www.poder360.com.br/brasil/ plano-era-bater-no-ceo-diz-taxista-que-agrediu-diretor-da-uber-no-senado/>. Acesso em: 05 nov. 2019. Citado na página 30.

PORTAL EBC. *Vereadores do Rio adiam votação sobre transporte por aplicativos.* 2019. Disponível em: <http:// agenciabrasil.ebc.com.br/geral/noticia/2019-10/ vereadores-do-rio-adiam-votacao-sobre-transporte-por-aplicativos>. Acesso em: 14 nov. 2019. Citado na página 43.

PREFEITURA MUNICIPAL. *DECRETO Nº 43256.* 2017. Disponível em:
<https://leismunicipais.com.br/a1/rj/r/rio-de-janeiro/ decreto/2017/4326/43256/ decreto-n-43256-2017-declara-patrimonio-cultural-carioca-o-taxi-comum-amarelo-e-azul>. Acesso em: 16 nov. 2019. Citado na página 44.

PREFEITURA RIO. *TRANSPARÊNCIA.* Disponível em: <http://www.rio.rj.gov.br/web/taxirio/ noticias?id=10564531>. Acesso em: 16 nov. 2019. Citado na página 44.

PREFEITURA RIO. *Mais 80 motoristas de táxis recebem autonomia e se livram do*
pagamento de diárias no Rio. 2019. Disponível em: <http:// noticias.prefeitura.rio/transportes/ mais-80-motoristas-de-taxis-recebem-autonomia-e-se-livram-do-pagamento-de-diarias-no-rio/ >. Acesso em: 16 nov. 2019. Citado na página 46.

PREFEITURA RIO. *Uso corporativo do Taxi.Rio vai gerar eco-*

nomia de cerca de R$ 30 milhões por ano. 2019. Disponível em: <http://noticias.prefeitura.rio/rio-acontece-noticias/ uso-corporativo-do-aplicativo-vai-gerar-economia-de-cerca-de-r-30-milhoes-por-ano/>. Acesso em: 16 nov. 2019. Citado na página 44.

PREFEITURA RIO. *Veículos do Taxi.Rio passam a oferecer wi-fi a passageiros*. 2019. Disponível em: <http://noticias.prefeitura.rio/iplanrio/ veiculos-do-taxi-rio-passam-a-oferecer-wi-fi-a-passageiros/>. Acesso em: 16 nov. 2019. Citado na página 44.

R7. *Carro autônomo da Uber atropela e mata mulher no Arizona, nos EUA*. 2018. Disponível em: <https://noticias.r7.com/ tecnologia-e-ciencia/ carro-autonomo-da-uber-atropela-e-mata-mulher-no-arizona-nos-eua-22032018>. Acesso em: 17 nov. 2019. Citado na página 17.

REVISTAPEGN. *Empresa chinesa compra 99 por R$960 milhões*. 2018. Disponível em: <https: //revistapegn.globo.com/Startups/noticia/2018/01/didi-chuxing-compra-99-por-r-960-milhoes. html>. Acesso em: 17 nov. 2019. Citado na página 18.

SEGURANÇA UOL. *Uber deixa de monitorar localização do usuário após a viagem*. 2017. Disponível em: <https://seguranca.uol.com.br/ antivirus/dicas/curiosidades/uber_deixa_ monitorar_localizacao_usuario_apos_viagem.html>. Acesso em: 16 nov. 2019. Citado na página 16.

STF. *STF considera inconstitucional proibição por lei municipal de transporte individual por aplicativos*. 2019. Disponível em: <http://www.stf.jus.br/portal/cms/verNoticiaDetalhe.asp? idConteudo=410556>. Acesso em: 17 nov. 2019. Citado na página 31.

SWISSINFO. *Uber terá que pagar encargos sociais em Genebra*. 2019. Disponível em: <https://www.swissinfo.ch/por/ economia/economia-4.0_uber-ter%C3% A1-que-pagar-encargos-sociais-em-genebra/45340600>. Acesso em: 24 nov. 2019. Citado na página 50.

TECNOBLOG. *O suposto roubo de tecnologia que fez a Waymo (Google) levar o Uber aos tribunais*. 2016. Disponível em: <https://tecnoblog.net/210630/uber-otto-versus-google-waymo/ >. Acesso em: 17 nov. 2019. Citado na página 17.

TECNOBLOG. *Uber anuncia Wallet, conta digital com cartão de débito e Uber Pay*. 2019. Disponível em: <https://tecnoblog.net/312416/ uber-money-anuncia-wallet-conta-digital-cartao-debito-credito-uber-pay/>. Acesso em: 14 nov. 2019. Citado na página 39.

TUDOCELULAR. *Consulado dos EUA indica Uber para turistas que estão no Rio de Janeiro*. 2016. Disponível em: <https://www.tudocelular.com/android/noticias/n76002/ Consulado-EUA-Uber-turistas-Rio-Olimpiadas.html>. Acesso em: 02 nov. 2019. Citado na página 29.

UBER. *A história da Uber*. Disponível em: <https://www.uber.com/pt-BR/newsroom/hist%C3% B3ria/>. Acesso em: 16 nov. 2019. Citado na página 14.

UBER. *Diga não ao PLC 28 / 2017: a lei do retrocesso.* 2017. Disponível em: <https://www.uber.com/pt-BR/blog/diga-nao-plc-28-a-lei-do-retrocesso/>. Acesso em: 02 nov. 2019. Citado na página 30.

VEJA. *Os escândalos que levaram à demissão do CEO do Uber*. 2017. Disponível em: <https: //veja.abril.com.br/economia/os-escandalos-que-levaram-a-demissao-do-ceo-do-uber/>. Acesso em: 01 nov. 2019. Citado na página 17.

www.ingramcontent.com/pod-product-compliance
Ingram Content Group UK Ltd.
Pitfield, Milton Keynes, MK11 3LW, UK
UKHW041641190726
13854UKWH00006B/2639